JN181297

手芸がどんどん楽しくなる**54**のお話とつくり方のコツ

下田直子の手芸術

目次

編み物を楽しむエッセンス

001 嫌いな色はありません 34-35

002 私のフォークロア 36-37

003 軽いストールに編む方法 24-25, 38-39

004 ログキャビン・ニッティング 13, 30-31, 40-41

005 ずばり！ 工作バッグ 26, 42-47

006 ポンポンでおしゃれを 48-49

007 ぐるぐる編むときに 50-51

008 編みぐるみのプレゼント 52-53

009 昭和の便利ツール 11, 15, 54-60

010 並べるとかわいいもの 62-65

011 ころんとつくる梅の花 66-67

012 花びらを別づくりのコサージュ 32, 68-69

013 編んでつくるリックラック・テープ 70-71

014 さりげなく大人仕立てに 32, 72-73

015 どうなってるの？ ブローチ 74-75

016 お気に入り“リーフ・モチーフ” 76-78

017 たこ糸でアイリッシュ・クロッシェ風 79

018 レース編みのエジング 80-81

019 気分はミッドセンチュリー 82-84

020 玉編みでフリンジを 85

021 好みの糸のみつけ方 86-87

022 私のツイーディー・ニット 14, 88-89

023 アラン模様と交差編み 90-93

024 シェル編みでモードなBag 12, 94-97

025 なつかしいグラニーバッグ 28-29, 98-101

026 ネット編みのエコBag 22-23, 102-107

027 シンプルにニット・ジャケット 16-17, 108-111

028 楽しくなるつくろい術 112-113

029 スパングル・ポーチ 18-19, 114-117

030 冬のぜいたく 118-119

本作は書き下ろしです

刺繍を楽しむエッセンス

031 おしゃれ心を大切に 138

032 いちばん自分らしい刺繍 139

033 布と持ち手はぜいたくに 140-141

034 接着芯を貼ってかたちよく 142-144

035 たこ糸は優秀です 145-147

036 糸には撚りをかけて 124-125, 148-151

037 クロスでつくるテキスタイル柄 128-129, 152-156

038 チェーンだけの刺繍 123, 157-159

039 つばめは目が決め手 130, 160-161

040 苦手を克服するために 126, 162-163

041 大人 Bagの刺繍 122, 164-166

042 蛇腹テープでコーチング 167-169

043 アクセサリーとしてのバッグ 131, 170-172

044 両面接着芯でアップリケ 173

045 刺繍でつくる貫入 133, 174-177

046 一筆書き刺繍 127, 178-179

047 フェルトなら気楽です 180-183

048 和ごころを楽しむ刺繍 134, 184-185

049 風呂敷のリボン刺繍 135, 186-187

050 リックラック flower 132, 188-191

051 旅のおみやげ 192-194

052 手軽にできるスモッキング 195-199

053 黒のマジック 121, 200-202

054 いちばん好きな赤 136, 203

あとがきに代えて 204-205

材料提供 206

著書一覧 207

自作のデザイン画とサンプル帳。1990年代に制作。

アメリカのふるい手芸雑誌。左の2冊は1930年代のもの。

序　私のアトリエ

アトリエは3回引っ越して、吉祥寺のいまのところに落ち着きました。たくさんあったスペースも、いまでは、処分することを決めているものと大切な材料が、入り混じっている状態のなかでの作業です。

材料が見えていないと、用意していたものも、すっかり忘れてしまい、あとで残念な気持ちになります。材料が生かせたときが、至福のときです。

そろそろ整理をと考えていますが、忘れていた本を久々に開いたら、時間があっという間に過ぎ、また、気がつかなかったページに気がつき、まだまだこれから先に、つくってみたいものがいっぱいあると思ったら、気持ちがウキウキして、元気が出ます。

そんな気持ちも、できてきた作品のエッセンスになっていると思います。

最初のうちは編み物も刺繍も、自分が想像したものや、上げたいもののイメージがしっかりあるのに、なかなかそこにもっていけませんでした。それでもあきらめないで続けてきたので、少しずつ目標に近づけられるようになったと思います。
あきらめないと、手芸がどんどん楽しくなるように思います。

Nagyanyáink öröksége
Lengyel György
The Anchor Manual of Needlework
SAMPLERS
L'ART DU PETIT POI
RUGGIERO
FOUND OBJECTS
Schiffer
PAISLEY
NATIVE AMERICA
ARTS, TRADITIONS, AND CELEBRATIONS
Skinner
McCall's
NEEDLEWORK TREASURY
A Learn & Make Book
TEXTILES OF THE WIENER WERKSTÄTTE 1910 1932
McCall's SEWING BOOK
A SECOND TREASURY OF KNITTING PATTERNS
WALKER
SCRIBNERS
VIBEKE LIND
KNITTING IN THE NORDIC TRADITION
MICHEL BIEHN
EN JUPON PIQUÉ ET ROBE D'INDIENNE
The Book of INGREDIENTS
Philip Dowell & Adrian Bailey
african textiles

how to motif & bag → page56-60

 how to jacket → page110-111

スパングル・ポーチ **029**

 how to pouch → page116-117

ウエストを縄編みでしぼった、かの子編みのジャケット。

how to bag → page104-107

軽いストールに編む方法 003

 how to bag→page44-47

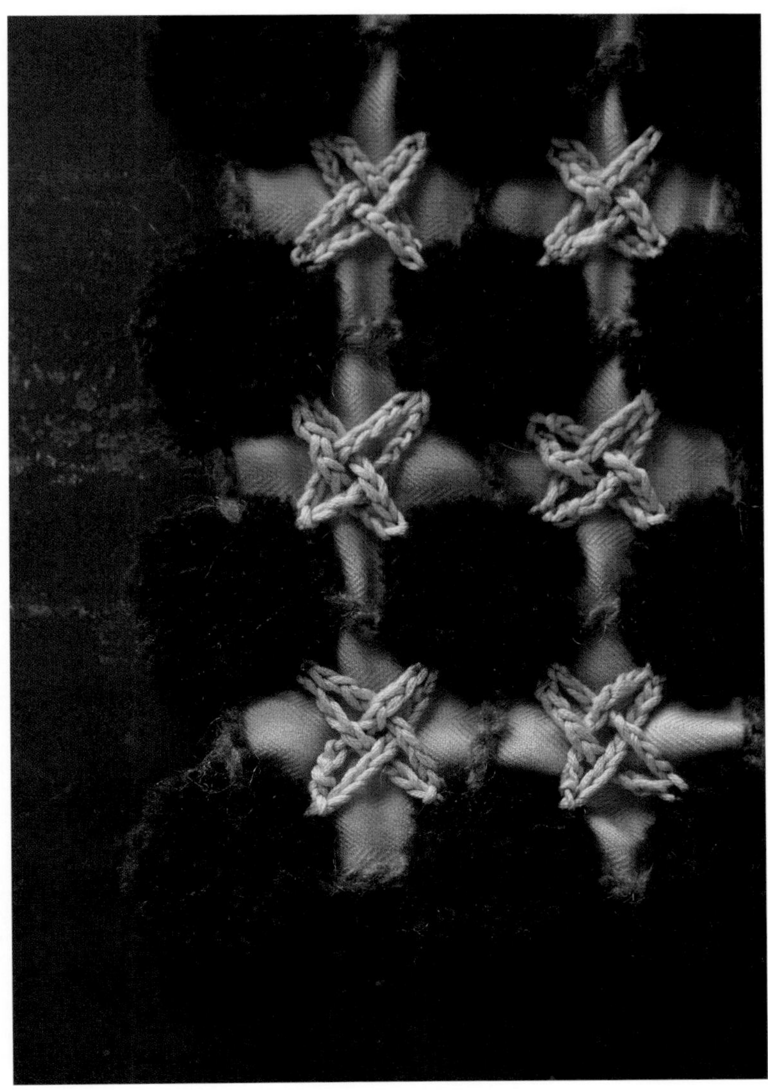

キャッシュファー2本どりで編んだ、丸モチーフのスカーフ。

how to motif & bag → page99-101

花びらを別づくりのコサージュ **012**
さりげなく大人仕立てに **014**

編み物を楽しむ
エッセンス

001 嫌いな色はありません

「色の取り合わせはどのように考えるのですか？」と質問されることがよくあります。
20代後半の私は、小西良幸さんのブランド、フィッチェ・ウォーモで働いていました。ニットも刺繍もそのときに腕があがったと思います。それまでの配色は頑張って5色から、多くて10色がこなせるていどでした。
小西さんの配色は展示会ごとに続き、何カ月か経ったら、私にも少しずつまとまった配色が出せるようになってきました。
いま思うと、小西さんの仕事をとなりで見ながらフィッチェのニットをつくることに夢中になれたことで、いまの私の配色を、困ったりすることなく、楽しみながらできるようになれたと思います。
色は不思議で、並べ方を変えたり、1色を加えたりすると、きれいに見えたり、かっこよく見えたり、強く見えたりします。
なかにはとなりに並べると、目がパチパチするようなハレーションをおこす色同士もあります。
ここ5年くらい、1年のカレンダーを熊谷守一の12枚の絵を眺めながら家で過ごしています。毎日でも見飽きない絵カレンダーは、私が長年、苦手としている色が使われ、ドキッとする迫力です。
エルメスの、厚手シルクにプリントしたスカーフが売られていたら、すぐ買いにいきたいくらいです。
そんな目でカレンダーを見ていると、まだまだ色の勉強は続けていけると、気持ちワクワクします。

アトリエの一角。一日の大半はここで過ごします。

002 私のフォークロア

1937年ごろの『ELLE』には、高田賢三がデザインした服とニットがいつも特集されていました。KENZOの素材選びは、いま現在も新鮮さを失わず、『ELLE』のスクラップ・ブックは、いまもときどき開いて見ています。

KENZOのフォークロアは東欧だったり、アジアだったり、世界中から見たものをベースに、KENZOの息がかかったデザインがわいて出てくるイメージのものでした。

フォークロアという言葉をはじめて聞いたと思ったら、あっという間に街のウィンドーディスプレーは、フォークロアになっていました。

世界中の民族衣装、テキスタイル、手工芸の本を求めに、いまはなくなってしまった嶋田洋書や、銀座のイエナ書店によく、本を探しに出かけました。いまだに買い求めた本は、大切な宝物になっています。

冬季オリンピックの開会式では、バウハウス好きの私にとってはウキウキする、アルベールビルの開会式でしたが、つぎのリレハンメルの開会式では、素朴な、昔ながらの編み込みニットのかわいらしさが忘れられません。

雪のなかをスキー板だけで滑っているたくさんの人たちは、クラッシックな編み込みのセーターを着て、寒くないように着ぶくれているのもかわいいスタイルになって、スキーのスロープを描いて、目に焼きついた開会式でした。私のなかでは見られてよかった、究極のフォークロアでした。

ニットの模様の試し編み、クロス・ステッチの試し刺しをしていると、素朴な気持ちになり落ち着きます。ニットも刺繍も生成り、赤、黒、この3色で柄をつくっているときが、最高に楽しい時間です。

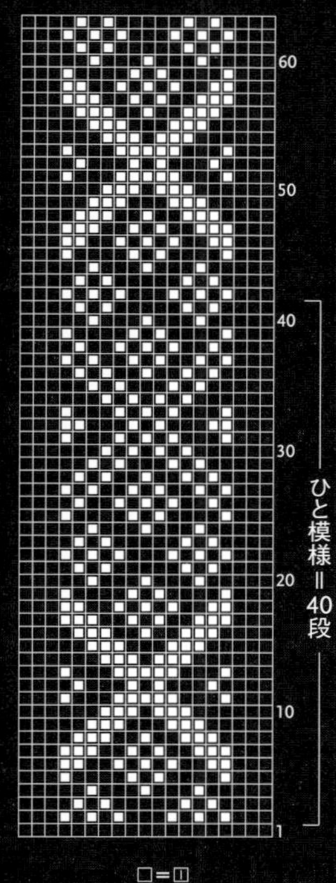

生成りを地糸に赤か黒を配色糸に
ノルディック柄の編み込みテープをつくってみて
いろいろなところに使えるなと思いました。
バッグの持ち手にしたり
ちょっと古くなったセーターや
ダッフルコートにつけたり
ちょっと楽しみです。

003 軽いストールに編む方法

からだをすっぽり包むくらい、大きなストールを編んでみたいと思いました。無地では面白くないので、ブルー、オレンジ、赤、緑……、いろいろな色をカラフルに使い、大きな格子柄に編みました。
このストールをごらんになり、「四角いモチーフを1枚ずつ、別々に編んでいるのかしら?」と思われる方もいらっしゃるかもしれませんが、これは、メリヤス編みで続けて編んでいます。
モチーフに編んではぐと、はぎ目がかたくなり、伸縮性にかけたストールになります。
フェア・アイルのように、編み地の裏側に糸をわたしながら編むと、着るときに、裏糸がひっかかりやすくなるうえに、厚みの出た、重いストールになります。
迷わず、インターシャ編みで編みました。
インターシャ編みは、糸を縦に絡めながら、色を変えていくテクニックで、この方法ならば、裏に糸がわたりません。色数が多くなっても、軽く、すっきり編みあがります。

パピーのクイーンアニー各色で
152cm四方の大判ストールに
編み、フリンジをつけ
少しボヘミアンに仕上げました。
→page24

インターシャ編み

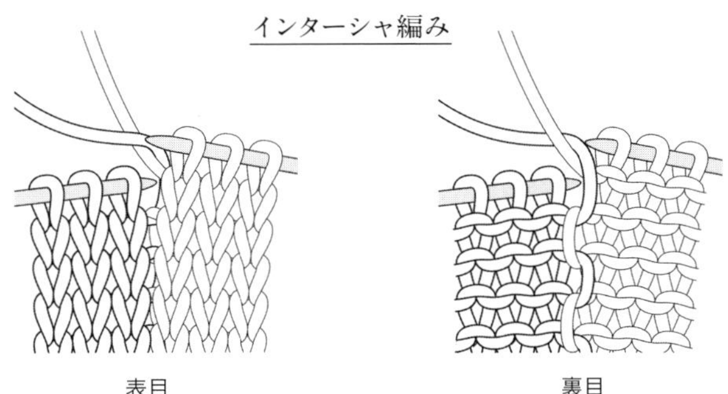

インターシャ編みでは、いま編んできた糸と、これから編む糸を交差させて、配色糸を切り替えます。色数が多くなると、編んでいるうちに毛糸の玉がごちゃごちゃになるので、まめに整理しながら編みましょう。

004 ログキャビン・ニッティング

80年代にはよく、ニューヨークが好きで、行きました。帰りがけ、アンティーク・マーケットで買った、キルトを1枚持って帰ってきました。
着られなくなった背広をほどいて使っているのだと思います。紳士物の上等な布がパッチワークしてありました。
時をこえた素材や色は、どんなに真似してもこえられないすてきさがありました。素材がなかったころの、決まった素材を駆使しているキルトに惹かれます。
アメリカン・キルトには、丸太小屋をイメージさせる、陰影が美しいぼかし柄があります。パッチワークの手法でつくるこの柄を、ニットで編んでみました。
最初に、中心のピースを編みます。そのまわりに、色違いの長方形のピースをつぎつぎ編みたしていきます。
ブランケット（page31）は、こうして編んだ、ブルー系タペストリーウールのモチーフを、24枚はいでつくったものです。
モチーフの配色を変えたり、配置の仕方を変えると、また違った柄が、いろいろにできるところが面白いと思います。
どの柄をつくるときも、モチーフの半分は明るい色、半分は濃い色、中心はどの色とも混ざらない色に編んでおくといいと思います。こうして編んでおくと、明暗の差がはっきりとした、コントラストの美しいぼかし柄ができます。

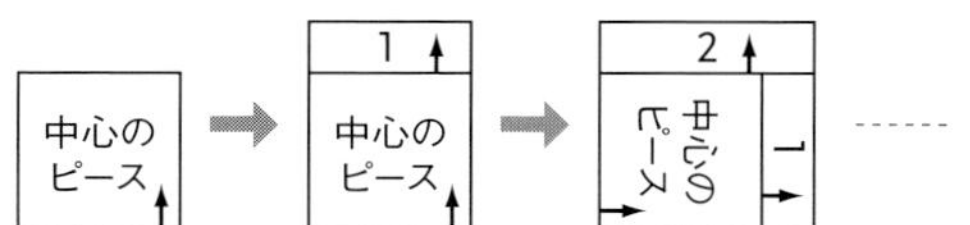

中心のピースを編み、
編み地をまわしながら番号順に
編みひろげていきます。

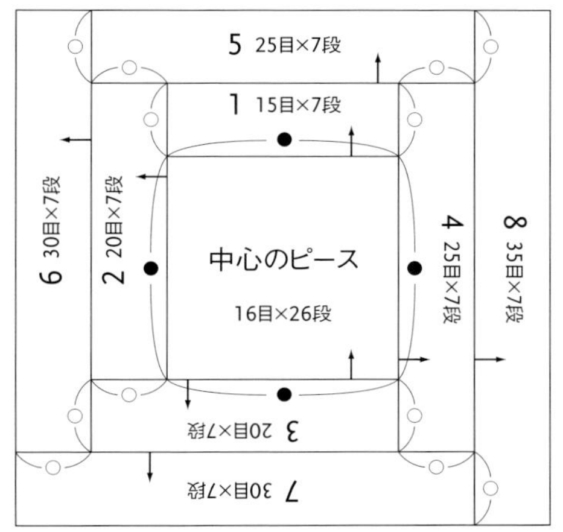

●＝15目
○＝5目

ガーター編み

page13 上の編み地

中心のピースを四角に編み
番号順に糸の色を変えながら編みます。
各マスの最後は
すべて伏せ止めにします。

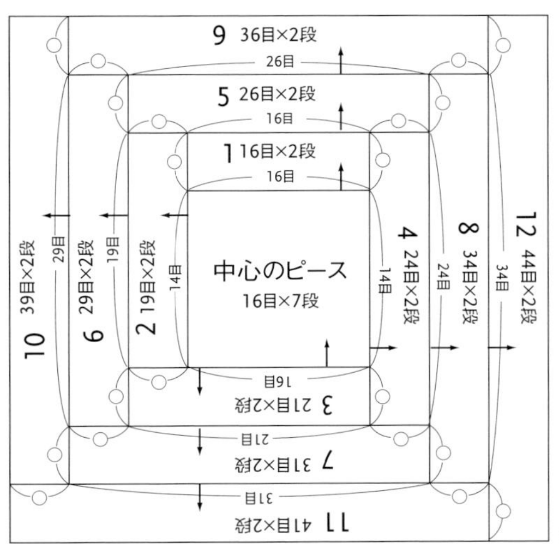

○＝5目

長編み

page13 下の編み地

中心のピースを四角に編み
番号順に糸の色を変えながら編みます。
ぜんぶが編めたら
こま編みで縁編みをします。

◆かぎ針編みでも同じように編めます。
こちらは細いサマーウール糸で編み、バッグにするとかわいいと思います。

005 ずばり！ 工作バッグ

いぜん、袋ものの仕立て方を習いたいと思っていました。
袋ものには正装に持つハンドバッグから、革を使ったものまでいろいろあります。
京都の市で買い求めた、古い佐賀錦の和装バッグを解体してみたことがあります。芯にボウル紙が使ってありました。そのボウル紙に、佐賀錦の織り布が貼ってあり、これは縫製というより工作だと思いました。いまでもボウル紙を使っているとしたら、それを超える素材はなく、いろいろなことを乗り越えてきた結果と思います。やわらかいかたちを出したり、型くずれ防止や、湿気をとり、織り布をしみから守ったりと、長い間の工夫だと思いました。
どうしてこのバッグをつくってみたか、思い出してみました。『モチーフ・バッグ』という本で、ニットのバッグを23型考えることになり、私が30歳若かったら持ちたいバッグとか、バッグを持ついろいろな状況を考えたりしました。そのときに、プライベートではかなりカジュアルなスタイルの、ジェーン・バーキンに持たせたいと思ったことを思い出しました。
はじめての、工作チックにつくるバッグでしたので、頭で考えているようにうまく仕上げられるか、ちょっとドキドキでした。佐賀錦のバッグのようにつくりあげていくのには、芯がかなり重要かと思いました。
編みあがったバッグの前後とマチ、この3つの編み地に、できあがりのかたちにカットした接着芯をアイロンで貼ります。
芯のサイズにヘラで折り線をつけ、編み地の余分は内側に折り込みます。折り込んだ編み地で補強され、バッグの型くずれが防げます。裏布にも3ミリ控えたF芯を貼り、縫い代をたたみ、本体とマチそれぞれにまつりとめます。マチには底の部分に、ポリ芯をさらにとめつけます。

●接着芯をできあがりのかたちにカットします。

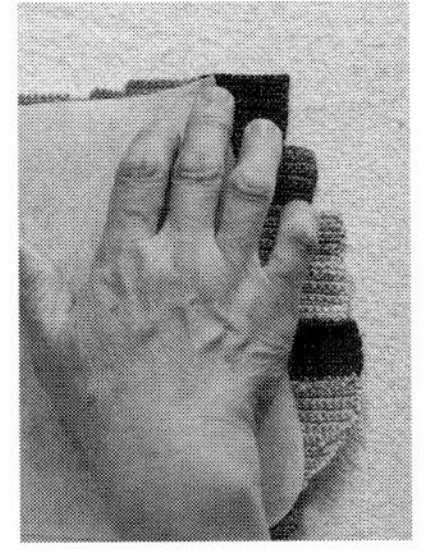

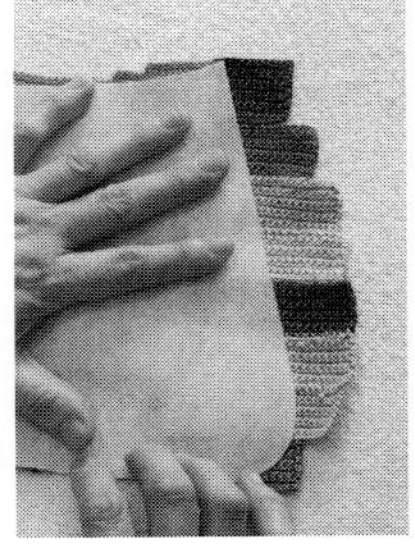

1 パイル地のタオルの上に編み地の裏を上にして置き、接着芯ののり面を下にして重ねます。中心と角を合わせ、底側は編み地がはみ出さないように調節しましょう。

2 アイロンで1カ所ずつしっかりおさえて接着させます。

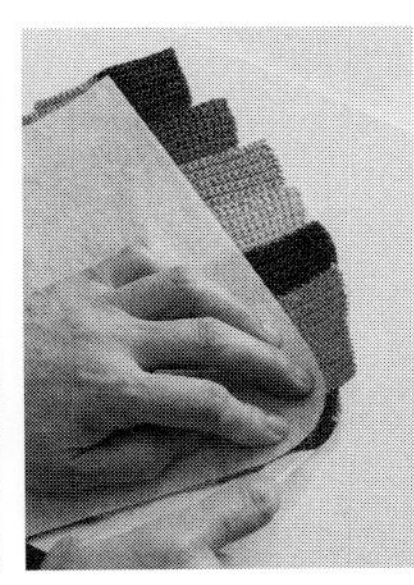

3 接着芯のかたちに合わせてヘラをあて、編み地に折り線をつけます。

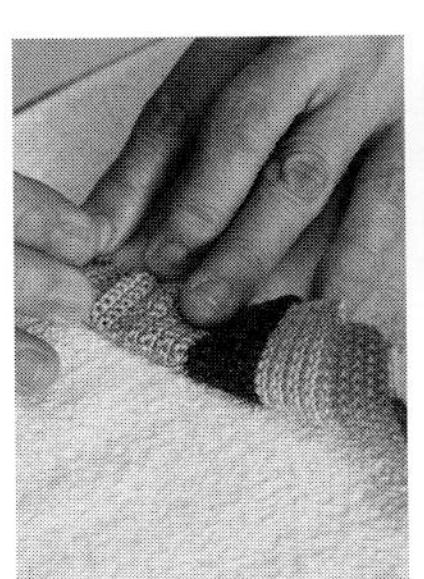

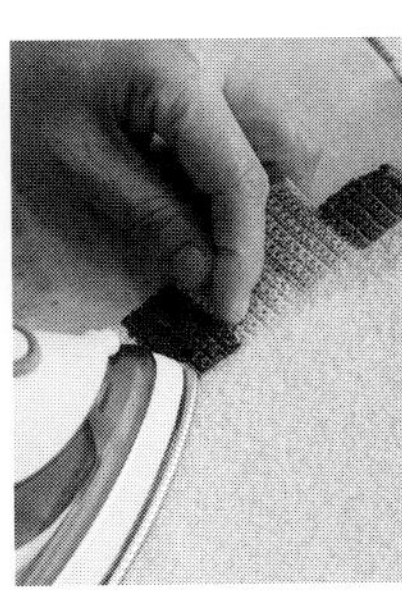

4 折り線にそい、編み地の余分を内側に折り込み、アイロンでおさえます。

5 バッグの前後とマチも同じように仕上げ、裏にはF芯を貼って仕上げます。

素材はコットンパールだけだとしまらないので、ホワイトレーンという麻糸を使用。ゲージはかなりきつめに編みます。モチーフをはぎあわせたら、裏面からしっかり蒸気アイロンをかけます。本体とマチを組み立てるのにもホワイトレーンを使い、まつり縫いで合わせます。
かなりかっちりしたバッグができあがります。

工作バッグ →page26

MATERIALS

麻糸　ホワイトレーン(16/3)　100g
刺繍糸　DMC／コットンパール3番糸
No300, No309, No347, No368, No402, No471, No597, No632, No644, No799, No738, No801, No815, No828, No844, No922, No924, No930, No932, No987, No989, No3328, No3687　各1束
No355, No676, No902, No977, No991, No3685　各2束
接着芯(厚地)　79cm×27cm　F芯　65cm×25cm
ポリ芯　22cm×5cm　ボーンテープ　1.5cm幅×40cm
チューブグログランリボン(茶)　1.5cm幅×40cm
裏布　89cm×37cm
ボタン(径3cm)　1個

NEEDLE

レース針2号

HOW TO

◎接着芯･F芯を指示のサイズにカット。

■四角いモチーフ134枚をしっかりめのこま編みで編む。
中表に巻きかがり、裏に接着芯を貼り(page43)、側面、マチ・底の編み地を別々につくる。
■裏布にF芯を貼り、縫い代分を内側に折り込み、編み地のパーツと合わせてかがる。
■側面とマチ・底をはぎ合わせながら持ち手をつけ、ボタン、ボタンループをつける。

❶寸法図　ポケットは縫い代1cmのダブル仕立て。裏布は縫い代1.5cm、
接着芯はできあがりサイズ、F芯は3mm控え、ポリ芯は5mm内側でカット。

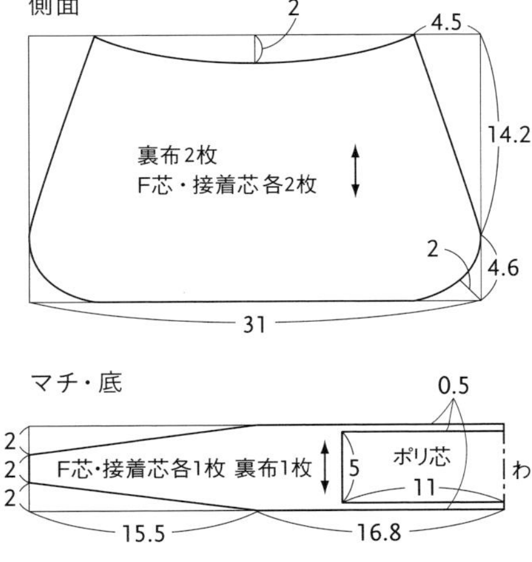

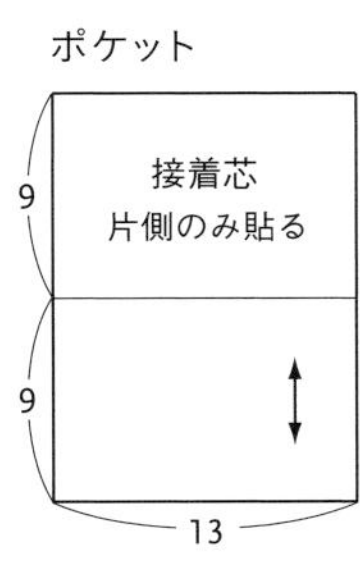

❸編み方 モチーフA〜Mを47ページの表の目数・段数で編む。
C、Dは1枚は図のとおりに、もう1枚は図を反転させ、左右を逆に編む。

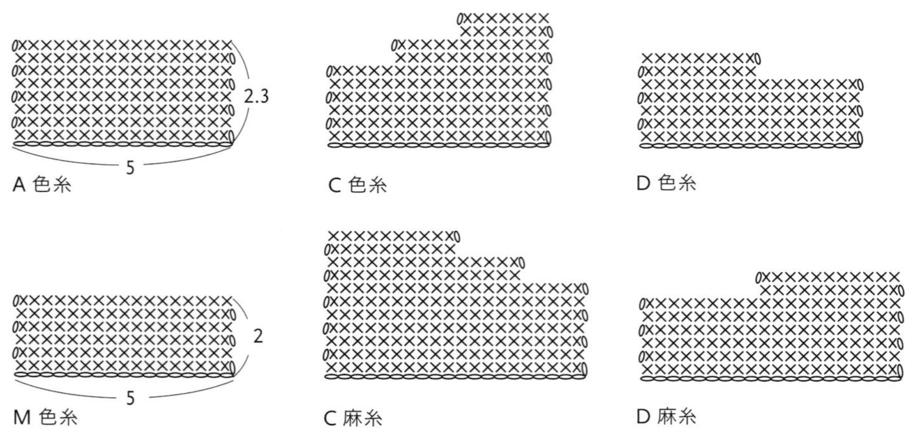

❹モチーフの配置

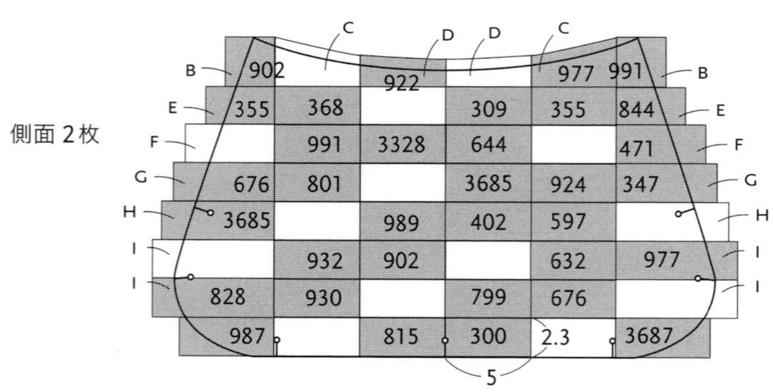

□ 麻糸 ▩ 色糸 数字は色番号。側面の指定外はA、マチ・底はM

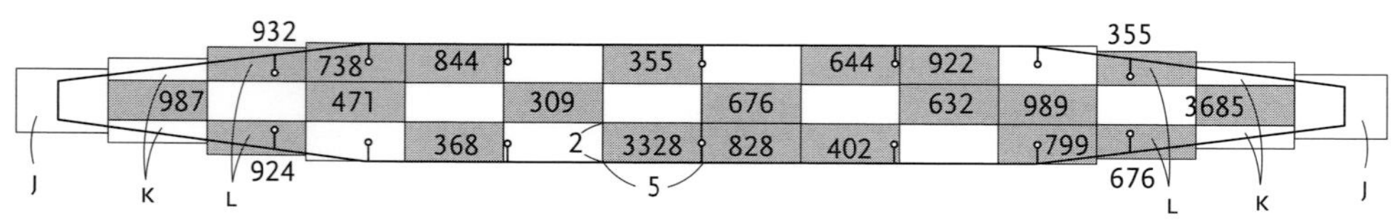

Point モチーフは縦列に巻きはぎしてから全体をはぐときれいにできます。

モチーフ番号	色糸	麻糸
A	17目 × 8段　44枚	19目 × 9段　16枚
B	11目 ×11段　4	―
C	17目 ×10段　2	20目 ×11段　2
D	17目 × 7段　2	20目 × 8段　2
E	14目 × 8段　4	―
F	18目 × 8段　2	20目 × 9段　2
G	20目 × 8段　4	―
H	22目 × 8段　2	25目 × 9段　2
I	24目 × 8段　4	26目 × 9段　4
マチ・底 J	―	16目 ×12段　2
マチ・底 K	―	19目 × 4段　4
マチ・底 L	17目 × 5段　4	―
マチ・底 M	17目 × 6段　17	19目 × 7段　11

❸まとめ方

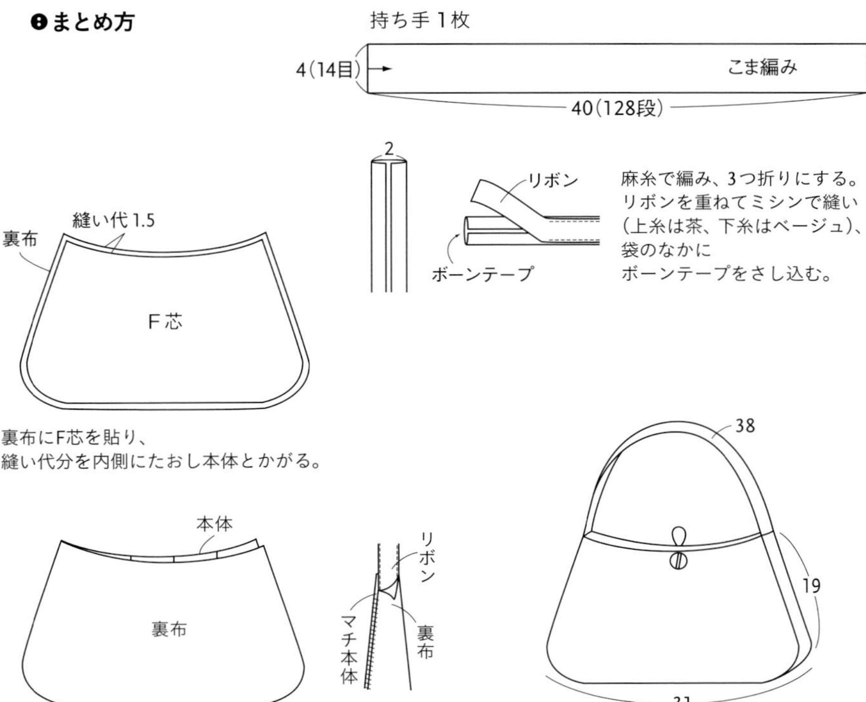

このとき、マチには持ち手をはさんでまつり、
底にはポリ芯を入れる。

合印をピンで止め、側面とマチ・底を
しっかり巻きかがる。

006 ポンポンでおしゃれを

ラフィアで、ポンポンをつくってみました。
若い方は、携帯電話に上手に飾りをつけていますが、私にはなかなか真似できませんでした。そんなとき、青山のマルニのショップで、丸くかたちのよいポンポンが、房のようについたストラップを見かけました。さっそくつくってみました。ドライフラワーのような、乾いた質感のポンポンにできあがり、ラフィアのポンポンは、夏のバッグのアクセントチャームにしてもすてきだと思いました。
小さなポンポン、大きなポンポン、カラフルなポンポン、いままでにいろいろなポンポンをつくってきましたが、どのポンポンをつくるときも、糸をたっぷりと使ってつくっています。糸をあまり使わないポンポンは、糸が抜けやすく長持ちしないと思いますし、少し重いくらいのポンポンの方が手編みにつけてもおさまりがよいと思います。
毛糸のポンポンは、並太のストレートヤーンでつくります。カラフルにつくるときは、タペストリーウールを使います。しっかり巻き、仕上げのときに起毛ブラシをかけ、けばだった毛先を丸くカットすると、糸がぎっしりと詰まった、ビロードのような質感を持つポンポンができあがります。
いぜんは分厚い辞書に巻きつけてつくっていたポンポンですが、いまはポンポンメーカーが便利。糸に無駄が出ず、丸いかたちがかんたんにつくれます。

黒、グレー、アイボリー……
大人っぽい配色でつくり、麻糸で編んだひもにとじつけました。

007 ぐるぐる編むときに

編みぐるみの人形の顔をこま編みで編むときには、顔に筋が入らないようにしています。そのために、立ち上がり目なしのぐるぐる編みにしていますが、こんなふうにぐるぐる編むとき、みなさんはどのようにされていますか？　たぶん糸印をつけられたり、段数マーカーをつけられたりしておられると思いますが、私はもっと手っ取り早く、編みはじめの端糸を長めに残しておき、この糸を段が変わるごとに段のはじめの目にはさみ、目印にしていきます。
写真はこの方法で編んだ2枚で、左は、あえてすじ編みで編んでいます。こちらだと、段の境に横筋がくっきり入るので、編みぐるみの顔には向きませんが、かごやバッグを編むときにはむしろ、この筋がアクセントになります。
ほんの少しの工夫で、編むのがもっと楽しくなるように思います。おっくうと思う前に、手を動かしてみてください。

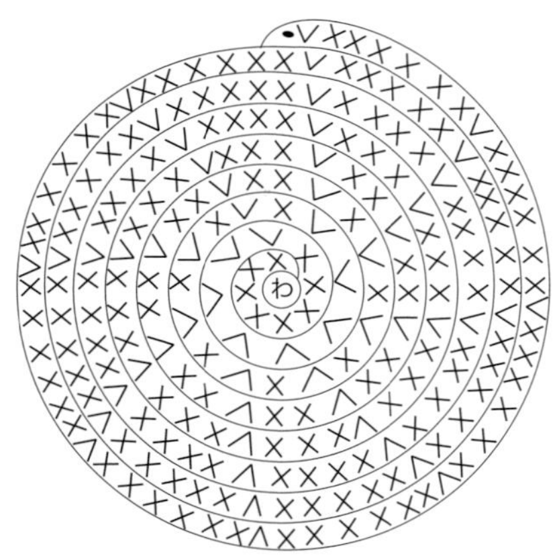

Vで2目ずつ編み入れながらすじ編み（記号は略）で編んでいます。
増し目の箇所をずらして編むと写真右のように編めます。

008 編みぐるみのプレゼント

はじめて手づくりぬいぐるみをもらったのは、幼稚園の卒業のとき、動物の絵を描き、親がその絵を見ながらぬいぐるみをつくってプレゼントしてくれるというものでした。2歳年上の姉は2年前にペンギンのぬいぐるみをつくってもらっていました。

私はぞうで、弟はさるでした。

私のぞうは母の苦戦した感じが残っていて、何年か経ったとき、いつもぞうの鼻を持っていたようで、ポッキリと折れてしまいましたが、母は直して、ずっと大事に持っていました。

私はすっかり興味も失せていたのですが、米山京子さんのぬいぐるみの本を買ってもらったあとに火がつき、型紙を修正しながら女の子の人形をつくりはじめました。

高校1年から3年まで、1年に何回か、3体ずつ納品していました青山の"あんふぁん"という子供服の店で、サクラちゃんとスミレちゃんという、ちょっと気はずかしくなる名前をつけてもらっていました。

子供の本で、いくつかの編みぐるみを何回かつくり、しっかり編んだこま編みがベストなこと、ぐるぐる編んで顔に筋が入らないようにすることなど、いろいろと失敗をしながら、ねこ、うさぎ、人の人形は、楽しくつくれることが分かりました。

顔はかわいいのはとくにねこが違うと思い、おじさん風の顔にしています。赤ちゃんのプレゼントには、やっぱりかわいらしい表情にしてください。

顔は目の位置でいろんな表情になるので、緊張する一瞬です。

009 昭和の便利ツール

友人のおかあさんは誰よりも手芸が好きで、組刺しの木枠と糸や、いまはないサユリ糸にビーズを通した、編みかけ材料を持っていました。いただいたそのたくさんの材料のなかに、ニット用リングはありました。

このリングを使うと、自分で意識的に丸をつくらなくても、2段目を編んだら、丸になっているのはすごいと思いました。

探してみたら、昔ながらの毛糸屋さんで取り扱っていました。さっそく買い求め、いまではモチーフつなぎをするとき、糸の始末を少しでもなくすために使っています。

サイズには8ミリ、10ミリ、12ミリ、15ミリがあり、糸の太さで使い分けています。

ニット用リングが海外で発案されたものなのか、日本でつくられたものなのかは分かりませんが、いろいろな手芸用アイディアがきっと、たくさんあったことと思います。そのころ(昭和30年代)の先生たちに話を聞いてみたいです。

その材料をつぎの世代に伝えられたら、いまとはぜんぜん違う発想のものがいつかまた登場すると思うと、ワクワクします。

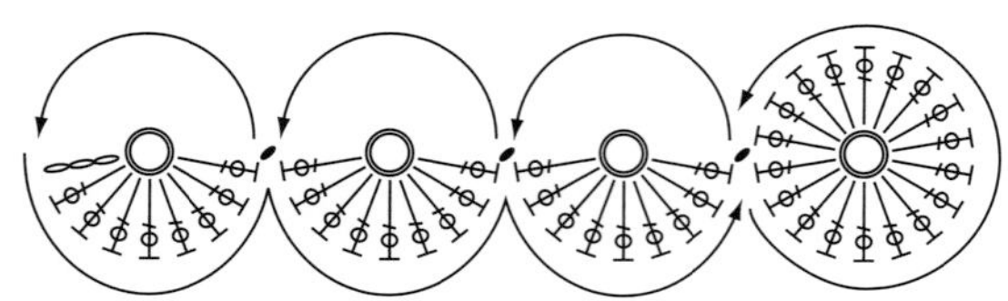

リングを使って編む編み方はちょっと独特で、1列分のモチーフの下半分の目を先に編み、編みもどりながら上半分を編みます。これは長編み2段編んだことと同じことで、「わ」をつくり1枚ずつ編むより、糸始末が画期的に楽になります。

how to motif & bag → page 56-60

丸モチーフのバッグ →page15

MATERIALS

ダルマ鴨川糸#18 生成り（No65）　200g
手芸用ビニールリング（径8mm）　1130個
TOHO丸大ビーズ 銀（No558）　23m分
綿ロープ（径4mm）　1m
口金（22.5cm幅×10cm）　1個
三角カン（1辺1cm）　シルバー2個
裏布　62cm×57cm
接着芯（厚地）　58cm×53cm
ポリ芯　29.5cm×6.5cm

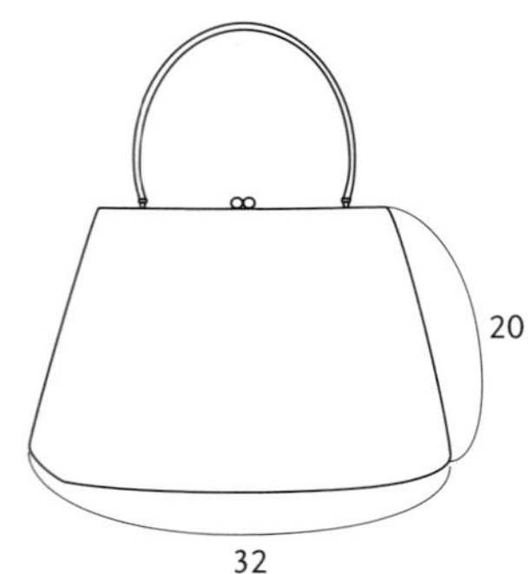

NEEDLE

レース針2号

HOW TO

◎糸にビーズを通しておく。

■丸モチーフ565枚（側面用520枚、底用45枚）を編む。
底から編みはじめ、側面へ。
すべてのモチーフはビーズを編み込み、一気にバッグのかたちに仕上げていく。
■最終列に、口金スペースを編みつける。
■持ち手のひもを編み、両端に三角カンをつける。
■裏袋を入れてバッグの口にまつりつけ、口金、持ち手をつける。

❶本体の編み方　1列に15枚を3列編み、続けて40枚をつなげて編み、「わ」にする。
半模様ずつずらしながら13列まで編み、
ぜんぶが編めたら裏目側を表にして口金スペースを編みつける。

口金スペース　口金スペース
側面
わ　40枚を13列　わ
21
38 39 40 1 2 3
39 40 1 2 3 4
39 40 1 2 3 4 5 6 7 8 9 10 11 12 13 14 15 16 17 18 19 20 21 22 23 24 25 26 27 28 29 30 31 32 33 34 35 36 37 38
1 2 3　14 15
1 2 3 4　14 15
1 2 3 4　14 15
底
15枚を3列
6
30
合印（○□◇）をつなげる

● モチーフの編み方つなげ方

つなげ方は59ページを参照。

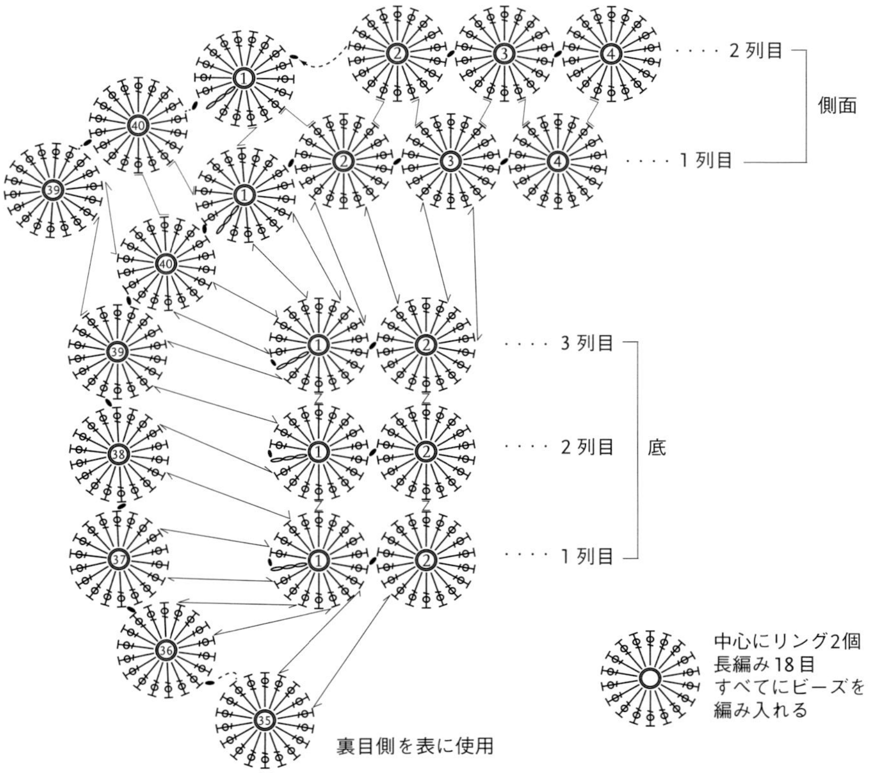

2列目
1列目
側面
3列目
2列目
1列目
底
中心にリング2個
長編み18目
すべてにビーズを
編み入れる
裏目側を表に使用

● 口金スペースの編み方

1、3段目は本体の裏目側を見て編み、
3段目は長々編み1目にビーズ3個を編み入れる。
口金を図のように通す。

口金スペース
口金スペース
口金
マチ
裏目側を表に使用
脇中心
このラインに裏布をまつる

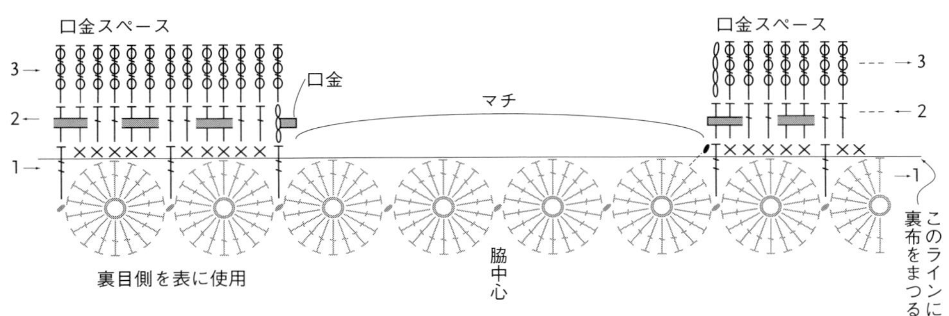

❶持ち手の編み方

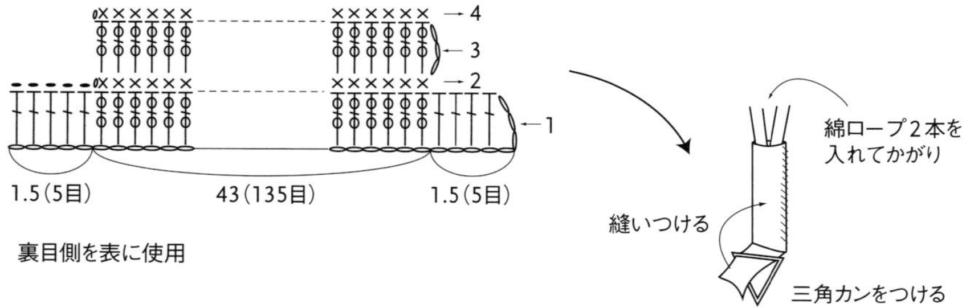

❷裏袋のつくり方

本体は縫い代まで接着芯を貼り、脇を折り伏せ縫い、口側を三つ折り縫い。
ポケットは接着芯を貼り、縫い代1cmの1枚仕立て、
口側は縫い代2cmの三つ折り縫い。
ポリ芯は底の寸法よりやや小さくカットし、
図のように布にくるみバッグの底に入れる。

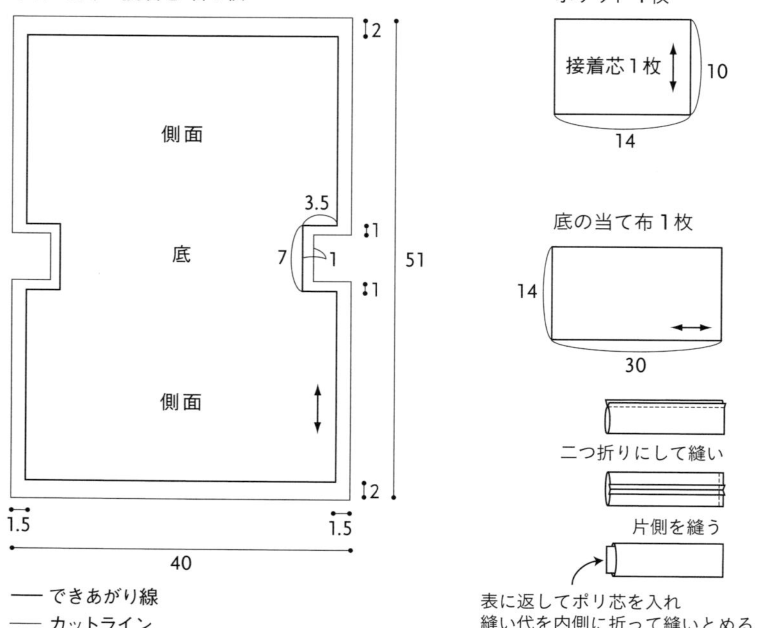

❶モチーフのつなげ方

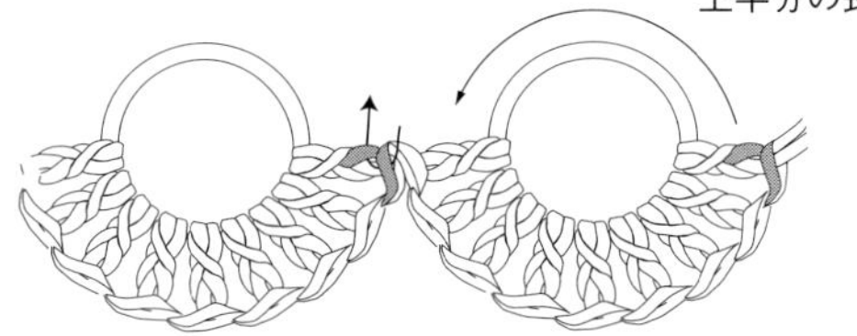

編みもどるときに引き抜き編みをする。このとき、ひとつ前のモチーフの目の、頭と足の両方に針を入れて引き抜くと、モチーフ同士をしっかりとつなげることができる。

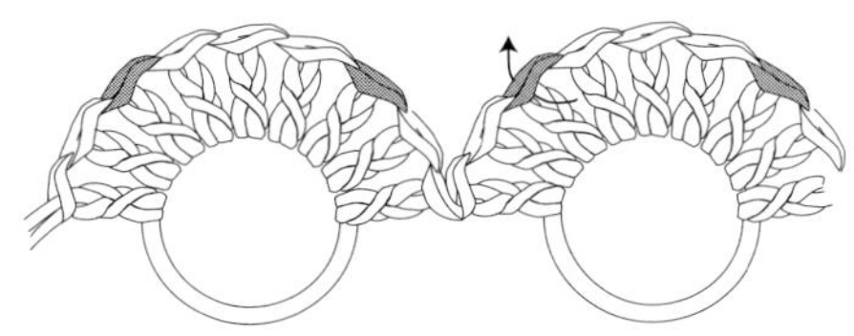

前列のモチーフとつなげるときは、いちどかぎ針をはずし、前列の指示の目に針を入れて目を引き出してつなげる。

---

❶モチーフをとじずに編む

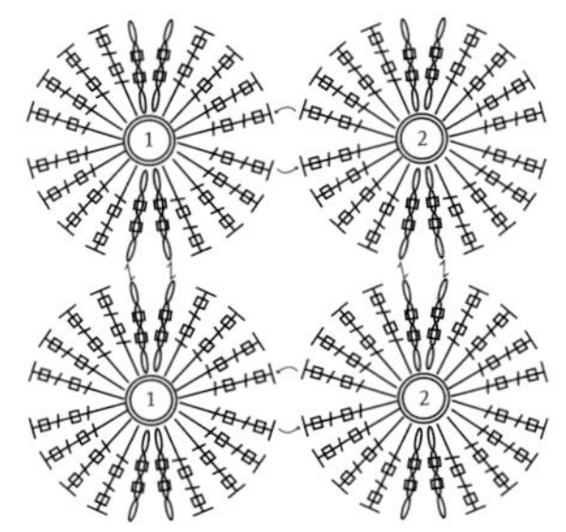

リングを使うと、モチーフをとじずにつなげていくことができます。55ページの写真左の編み地はこの方法で編んだもの。ビーズを1目に2個ずつ入れているので、とじてしまうと、ビーズでパンパンなモチーフになってしまいますが、この方法ならば大丈夫、花のようなかたちのモチーフに編めます。

❸ポケットのつくり方

★ダブル仕立て

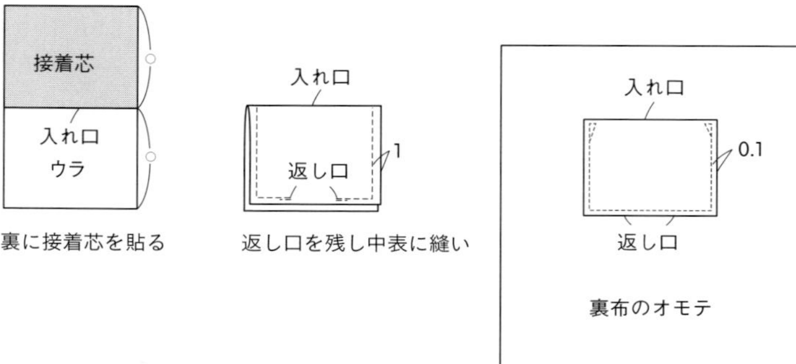

裏に接着芯を貼る

返し口を残し中表に縫い

ポケットを縫いつける

★一枚仕立て　布が厚いときに

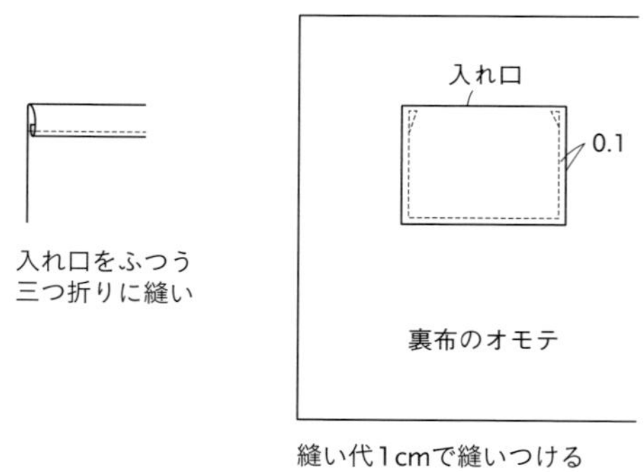

入れ口をふつう
三つ折りに縫い

縫い代1cmで縫いつける

折り伏せ縫い

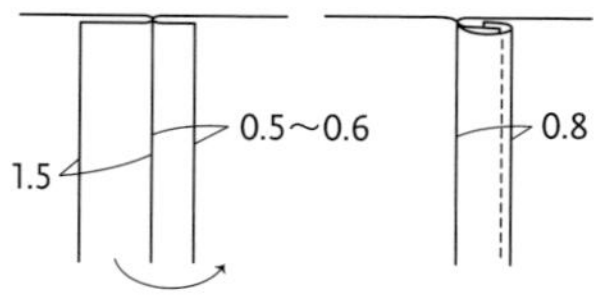

片側の縫い代を0.5〜0.6cmにカット、
もう片側の縫い代でくるんでたおし、
折り山の端にミシン。

ある手芸屋さんからゆずり受けたショーケース、その引き出しは分厚いレトロなガラス製。このなかにバッグ金具や、こまごまとしたパーツ類をしまってます。

010 並べるとかわいいもの

昭和の子供時代、レース編みが大流行していました。どこのおかあさんも、家族のためにいろいろなものをつくっていました。
母は、編み物はそれほどしませんでしたが、それでも、茶の間にはレース編みのドイリーが置いてありました。上には灰皿がのせてあったので、子供だった私は、かわいくないと思っていました。
なぜか？と考えてみると、家が和風なので、ところどころ洋のものが入ってきた、違和感があったんだと思います。
仕事をするようになり、そんなこともすっかり忘れていた数年前、お菓子研究家、福田里香さんがコレクションされているレースペーパーを見て、子供のころに見ていた、なつかしいドイリーのことを思い出しました。
いろいろな柄がずらりと並んでいました。標本のようでかわいいと思い、それからは、古いクロッシェの本を見ながらいろいろに編んで、少しずつコレクションを増やしています。
写真は、本のために、編んだものです。
母の時代はレース糸で編んだと思いますが、私は編み地をかちっとさせたかったので、麻糸やたこ糸で編みました。
編みはじめるとあっという間にできあがりました。
くさり目をきつめに編んでください。くさりのループをとめるときも、しっかり引き締めて編みます。
くさりをきつめに編んで、ループの長さが足りなくなるようなら、ひと目かふた目を追加するくらいの気持ちで編むと、ごろごろとしない、きれいなレース模様に編みあがります。

how to crochet → page63-64

A
C
B
D

A

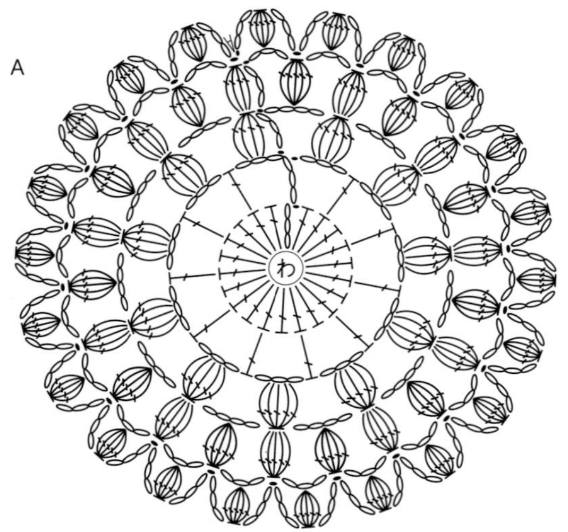

1段目は長編み22目
くさりを編みながら、長編み5目の玉編みで編みます。
あまよりのラミー糸(16/3)1本どり/レース針2号

B

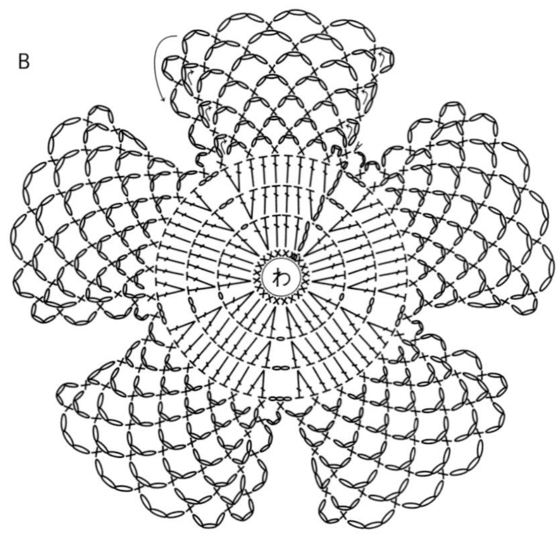

1段目はこま編み20目
6段目からは模様を分け、ひと模様ずつ往復に編みます。
ラミー糸(16/3)1本どり/レース針2号

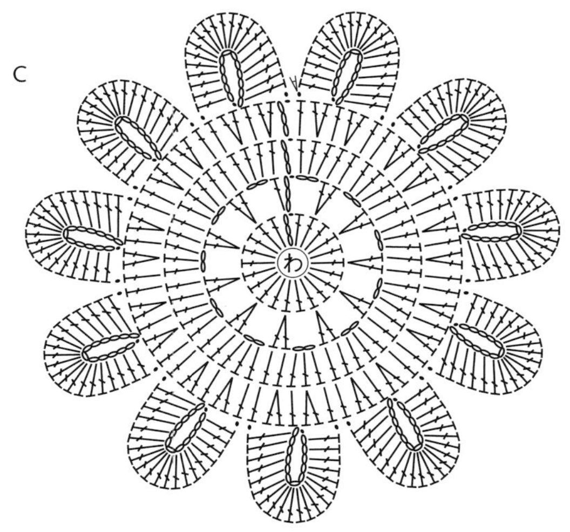

1段目は長編み22目
4段目でくさりのループを編み、次段の長編みは、ループを束にひろいます。
ラミー糸(16/3) 1本どり／レース針2号

1段目はこま編み18目　ネット編みで編みひろげ
縁編みのこま編みは、編み地を裏返し、ループを束にひろって編みつけます。
ホワイトレーン(16/3) 1本どり
＋ラミー糸(16/3) 1本どり(縁編み)／ともにレース針2号

011 ころんとつくる梅の花

家の庭には、枝垂れ桜と梅の木がありました。梅も桜も満開のときはそんなに好きではなく、とくに桜の花は期間も短く、人のことをあおっている感じがして、ちょっと締め切りを抱えているときは疲れます。
梅は、梅の実が大好きなこともありますが、咲きはじめの梅の花は、黒い木肌に白が目立ち、硬いつぼみが真ん円で、絵を観ているようです。歩いていると、遠くから梅の香りが漂い、寒くても、春を感じる瞬間が好きな季節です。
五弁の花は、事務所では“梅ばちのモチーフ”といい、立体感を出すために、長編みのときは立ち上がりのくさりを2目、長々編みのときは立ち上がりのくさりを3目と意識して、花びらがころんとするようにしています。
きっと、いくつかの梅花を編んでいくうちに、分かってくると思います。

立ち上がり3目の長々編みで編み、裏目を表にしています。

012 花びらを別づくりのコサージュ

ここ何年か、モチーフ編みにかなり惹かれています。コサージュも、布でつくったものだと、かたちがくずれそうだとか気を使って、ふだんにはなかなか使えなかったのですが、編んだものだとトートバッグにつけても気にならず、ふだんなのに気持ちがちょっとだけウキウキします。
コサージュは、かたちを大事にしてつくります。花びらがスーッと長い、マーガレットのようなコサージュをつくってみました。たこ糸3号で、花びらを11枚編み、指でつまんでタックをとり、糸を通して放射状にまとめます。中心に、ボタンをくるんだ麻糸の花芯を縫いつければできあがりです。くしゅくしゅしたコサージュは、一枚の編み地でつくってもかわいいと思いますが、かたちをしっかりさせたいコサージュはこんなふうに、花びらや花芯をそれぞれ別々に編み、あとからまとめた方がだんぜん、かたちよくつくれるように思います。
糸には、たこ糸や麻糸のほか、ラフィアやアンダリアで編むのも、カリカリとした表情が出て好きです。どの糸で編むときも、ふつうのときよりも、1号か2号針を細くして、ゲージをきつめにして編む方が、かたちがしっかりし、すてきにできあがります。

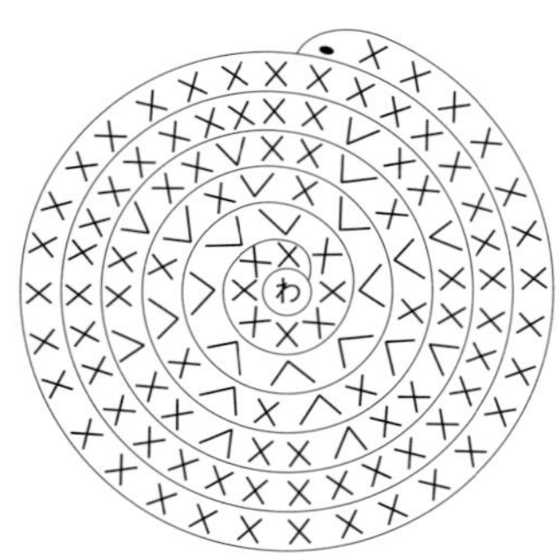

花芯

ホワイトレーン(16/3)の1本どりで
ぐるぐる編みます。
裏目を表側にして、
径2.5cm大のボタンをくるみ、
まわりをぐし縫いして引き締め、
花の中心に縫いつけます。
レース針0号

花びら

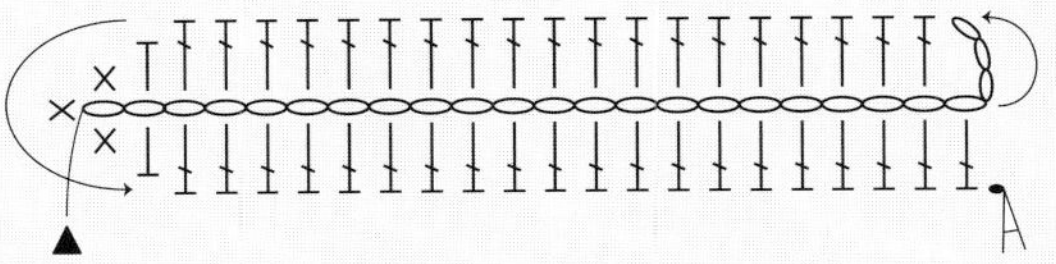

つくり目22目の両側から目をひろって編みます。
コーナーのくさり目には、こま編み3目を編み入れます。
たこ糸3号1本どり／レース針0号

→page32 上

013 編んでつくるリックラック･テープ

古いクロッシェの本を見ていると、細い糸で織られた布のリックラック・テープをよく見かけます。
山のかたちが丸いもの、山の部分が出っぱっているもの、幅広のものから細いものまで、その種類もいろいろです。
どれも、縁飾りとしてつくられたものだと思います。私はかぎ針でリックラック・テープを編んでみました。
つくりたいテープより長めのつくり目を編み、一定の目数ごとに減らし目、増やし目をしながら、好みの幅になるまでこま編みで編みます。
写真上は、このテープの端に糸を通し、花のかたちにまとめ、アップリケ用のパーツにしたものです。
編んでつくったリックラック・テープがあれば、こんなふうに、花づくりも楽しめますし、毛糸で編んで、セーターやマフラーの縁飾りにしてもいいと思います。
編み方もかんたんなので、いろいろに楽しみ方をひろげてください。

リックラック･テープ

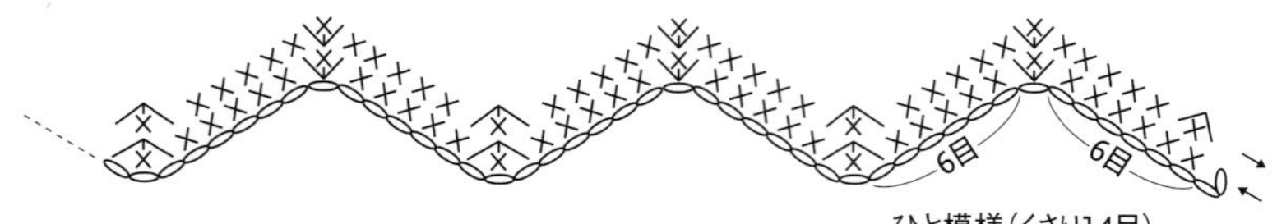

テープの山は、こま編み3目を編み入れ
テープの谷は、3目をいちどに編んでつくります。

014 さりげなく大人仕立てに

スパングルやビーズのキラキラは好きですが、宝石は苦手な方です。あまり似合うとも思えないので、率先してつける方ではありません。つけるとしても、首もとが開かないようブローチでとめるというくらいの、実用的な使い方をしています。
数年前、クロッシェで編むアクセサリーが流行しました。そのとき依頼を受けてつくったのが、黒のガウディで編んだ、大きなラウンド形のブローチです。
太くてボリュームのある甘よりのガウディは、ジャンボ針でざっくりと編むような糸ですが、これを5/0号のかぎ針の、きつめの玉編みで編んでみました。玉編みは、編み途中の目を引き抜くときに、糸を引き締めます。これをくり返しながら、たった2段編んだだけですが、糸の持ち味が生かされた、ボワボワと盛りあがった、存在感が充分にあるブローチに編みあがりました。
裏には安全ピンをつけるために、ホワイトレーンで編んだ丸モチーフをかがりつけました。
黒という色がいいなと思う年と、ぜったい身につけたくないと思う年が何度かありました。黒の格好よすぎる感じと冷たく見える感じが苦手ですが、こんなふうな自然素材の手編みだったらそんなに冷たく見えないし、麻糸と合わせるのも新鮮で、このブローチなら、ふだん使いにしてもさりげなく、いまは冬のコートに合わせています。

表

中長編み3目の玉編みで編みます。
黒のガウディ1本どり／かぎ針5/0号

裏

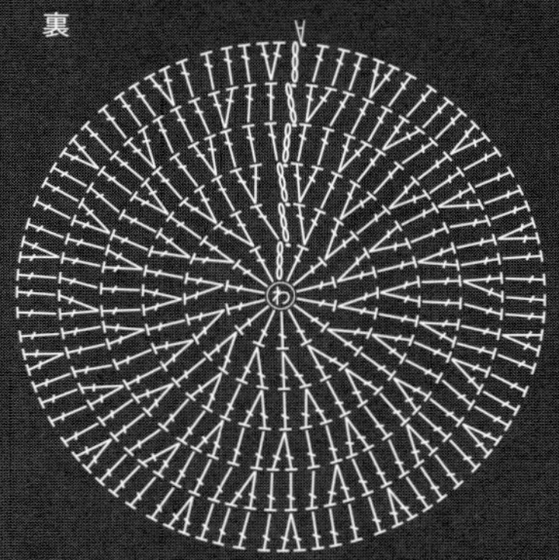

14目で編みはじめ
毎段14目ずつ目を増やします。
ホワイトレーン(16/3)1本どり／レース針0号
◉サイズ 表裏とも径8.5cm

当て皮に安全ピンをつけてボンドで貼り
表裏をホワイトレーンで巻きかがります。

→page32 下

015 どうなってるの？ ブローチ

仕事場で時間があるときは、資料として買った本を見ます。本は見るごとに発見があり、忘れていた事や物を思い出させてくれます。いままでにいろいろ本を買いましたが、図鑑のように写真がたくさん並んでいるのが好きです。外国の植物図鑑、バラの花の本、テキスタイルの本……、本に出ていた花をイメージしながら、引き上げ編みで編んでみたのが、このブローチです。昔からある手法ですが、メタリック・シルバーの糸で、きつめのゲージで編むと、オブジェのように造形的なブローチに編みあがり、気に入っています。
裏に当て皮を貼り、ピンをつけてください。

立体ブローチ

エクトリー パトラDX No502（銀）1本どり／レース針2号

引き上げ編みで編むと立体的なモチーフに編めます。
偶数段のこま編みを編むときがポイント。
ひとつ前の花びらを手前にたおし前々段(2段目は前段)のこま編みの足をすくって編むと
花びらが重なった立体的な花モチーフに編めます。

016 お気に入り"リーフ・モチーフ"

新宿伊勢丹の2階にあったバビトンティールームは、いつも行列ができていた人気店でした。こげ茶の柱、白壁のインテリア、紅茶を頼むと、ジノリのポットにアイビーのポットホルダーが添えられてきました。手のなかにおさまるくらいのフェルト製、これを見て、アイリッシュ・クロッシェ風にかぎ針で編んでみたのが、写真のポットホルダーです。
1段目はつくり目の両側から目をひろい、2段目からは編み地を返しながら、うね編みで編んでいくと、葉脈らしいすじすじのあるモチーフに編みあがります。
葉っぱのモチーフは棒針でもかわいく編めます。いままでいろいろと編んできましたが、棒針で編んで、存在感があるのは、葉っぱのモチーフと思っています。
小さいアップリケの葉から、巨大なクッションの葉まで、このモチーフでつくれます。
棒針で編むときのポイントは、しっかりめのゲージに編むことです。写真下に、サイズ違い、かたち違いに編んだ2枚を紹介します。どちらもメリヤス編み、同じ編み方ですが、かけ目や減らし目の位置や、糸のかけ方の違いで、少しずつ葉っぱの表情が変わり、棒針で編むモチーフの奥の深さを感じています。
かぎ針のモチーフも棒針のモチーフも、アップリケのパーツとしてよく使います。かぎ針のそれは、コットン糸で編んで、ウールのセーターのアクセントに。棒針の方は、子供の帽子のひも先につけたらかわいいと思っています。

how to leaf → page 78

アイビーのポットホルダーと棒針編みのリーフ・モチーフ。

016 お気に入り“リーフ・モチーフ”

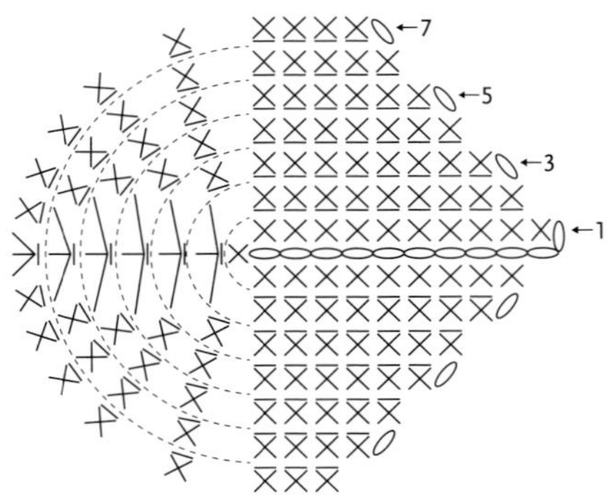

かぎ針編みのリーフ

つくり目10目の両側から目をひろって編み
コーナーは3目を編み入れます。
2段目からは1段編むごと編み地を返し、うね編みで編みます。

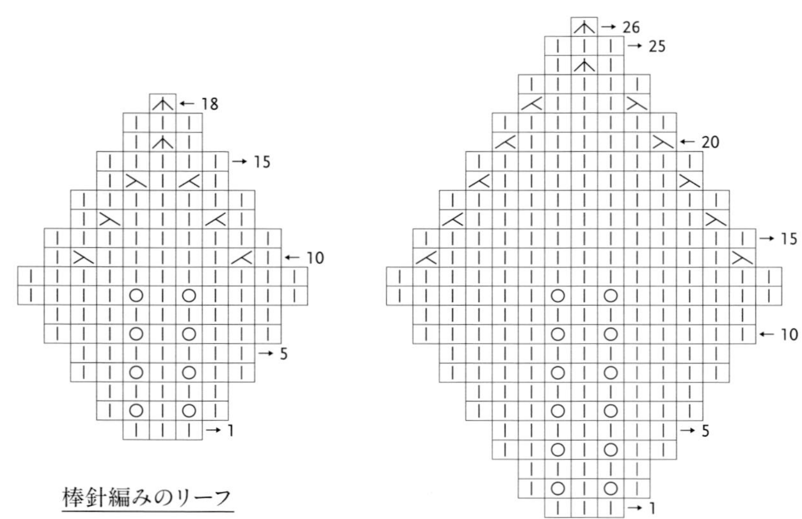

棒針編みのリーフ

かけ目で目を増やし、2目一度で目を減らし、
最後に中上3目一度をして編み終えます。

アイビーのポットホルダー

かぎ針編みのリーフ3枚をかがりはぎし、縁にこま編み1段を編みつけます。
くさり(26目)に引き抜き編みを1段編み、このひも2本をアイビーにとじつけます。

017 たこ糸でアイリッシュ・クロッシェ風

手芸の技術が頂点にあったヴィクトリア朝時代、かぎ針も、アイリッシュ・クロッシェという手法で、かなり美しい服、衿、クロス、バッグなどが編まれていました。
古いクロッシェの本を見ると、当時のアイリッシュ・クロッシェの繊細さに息をのみます。すごく上質な、細い、アイリッシュ・リネンの糸で編まれていたのだと思います。立体的なモチーフにはどれも、芯が入っています。
どんなに頑張っても、一生に１枚も完成しないだろうと思われるクロッシェばかりですが、そのひとつひとつのモチーフはかわいらしく、いろいろなところに使っていきたいと思います。
アイリッシュ・クロッシェは、糸がとても細いので、その気になって編んでもかわいく編めないと思い、たこ糸で編んでみたことがあります。
ぜんぜん華奢ではない、アイリッシュ・クロッシェ風"ぶどうの房"になりましたが、これはこれでラフでかわいらしく、セーターのアクセントにもなるコサージュになりました。
いぜん、パリで見つけた本には、同じような素材で編まれたクロッシェの作品がたくさん載っていました。
『Gros Crochet pour Ameublement』、"装飾のための太い糸のかぎ針編み"と書かれた2冊組みのその本は、私の書棚に並ぶ、おたからになっています。

たこ糸で編んだモチーフは、多少手がそろわなくてもいいと思います。
気になるようなら、あとからスチームアイロンをかければかたちよくまとまります。

018 レース編みのエジング

赤い布を束ねた、レース編みのサンプラーを買いました。一生懸命編んだと思われる、手編みのエジングがたくさん縫いつけてありました。あまり上手ではなく、また、編んではつけ足し、編んではつけ足しをくり返しながら、つくったものと思います。これを持ってセールスをしていたのだと、お店の人に聞きました。すみの方に、機械でつくられたエジングが縫いつけられています。移り変わろうとする時代だったのでしょう。そのことを思うと、かわいらしく思えます。
サンプラーは、見ていると、自分でも編んでみたいという気分になってきます。いくつかの編み地をアレンジして、編んでみました。エジングを編むとき、コーナーの編み方は、編み図に対して45°の角度で手鏡を載せてみると、すぐに分かります。
細い糸で編んでハンカチの縁に、毛糸で編んでひざかけの縁に、いろいろに楽しんでください。

エジング

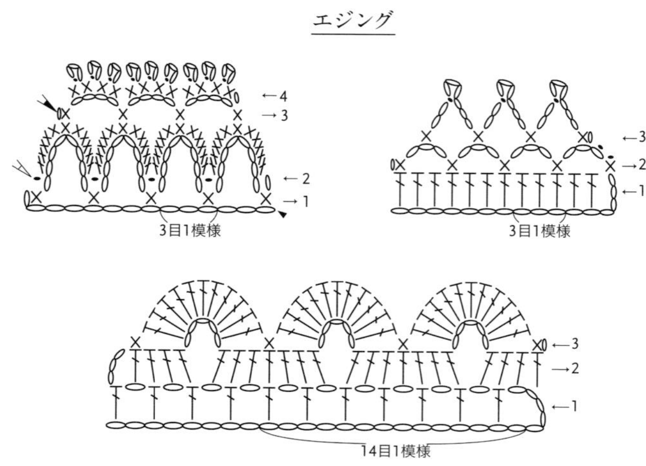

ハンカチなどは、布端にこま編みをして編み図の2段目から編みつけます。

019 気分はミッドセンチュリー

小学校の行き帰りの道ぞいに、横田基地の将校ハウスがありました。基地で働く人たちのアメリカンハウス、そこは50'sのAmericaでした。金髪のおかあさんたちが、ギンガムチェックのワンピースを着て、薄手のカーディガンを肩にかけていました。ツートンカラーのアメ車、ハーシーズのチョコレート、見たこともないお肉のバーベキューも、はじめて見たものばかりでした。
50年代のポップなアメリカン・カルチャーは、私のなかのどこかに流れているように思います。手芸も、繊細なものも好きですが、50年代のアメリカンの、おおらかさに惹かれるのはそのせいなのかもしれません。
当時のアメリカの、ちょっと古い布をはぎ合わせてブランケットをつくりました。縁には、グリーン色で編んだ縁編みを縫いつけました。ただまつ編みを、えんえん編んだ単純な編み地ですが、グリーンの色がアメリカンらしく、気に入っています。
テープに編む縁編みは、最初と最後が合うように、できあがりサイズよりちょっと長めに編みます。編みながら、布に2辺を仮止めし、このとき角にはややギャザーを入れ、これを2倍にしてサイズを出すと、無駄のない大きさに編めます。

how to edging → page84

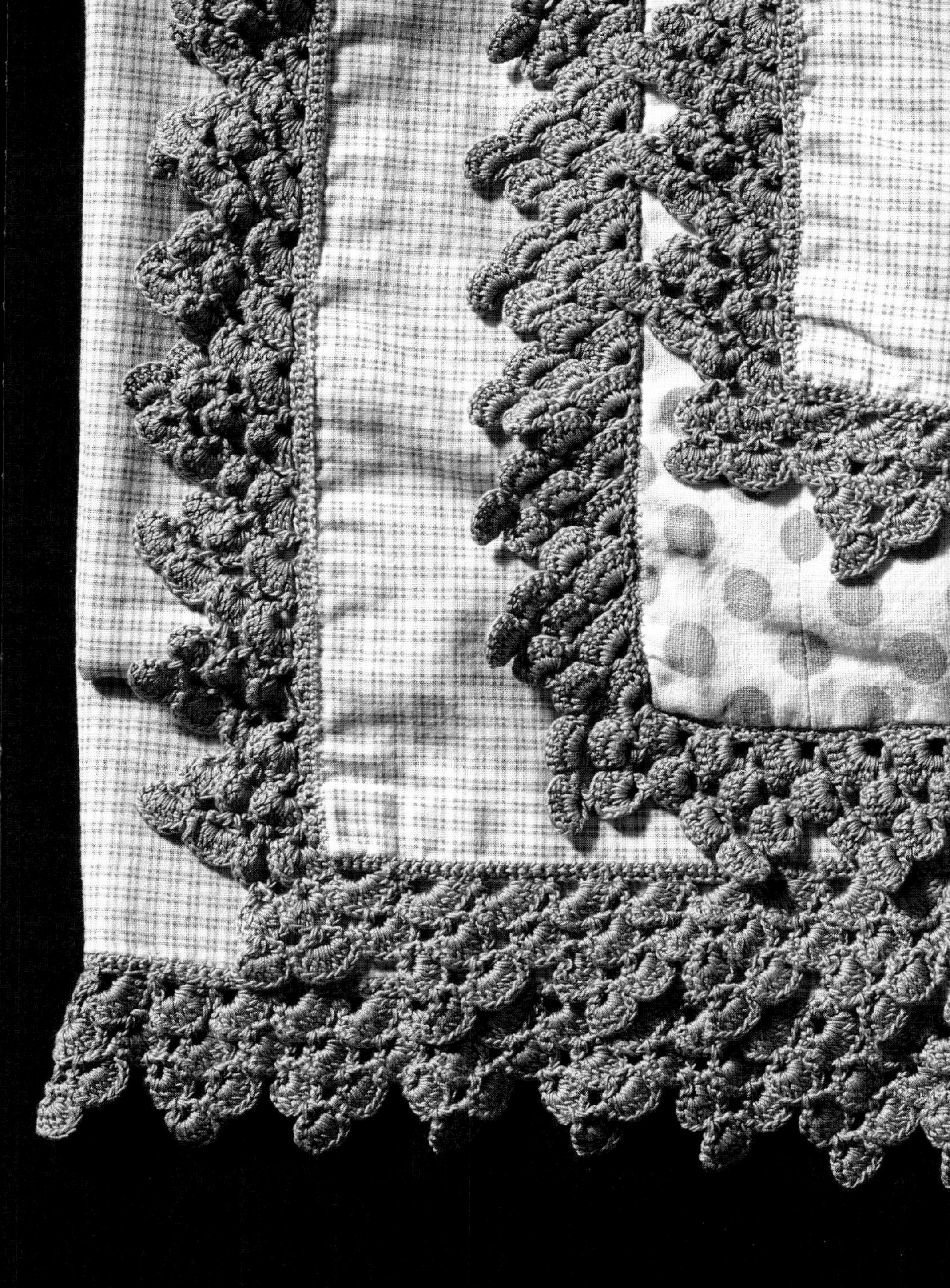

019 気分はミッドセンチュリー

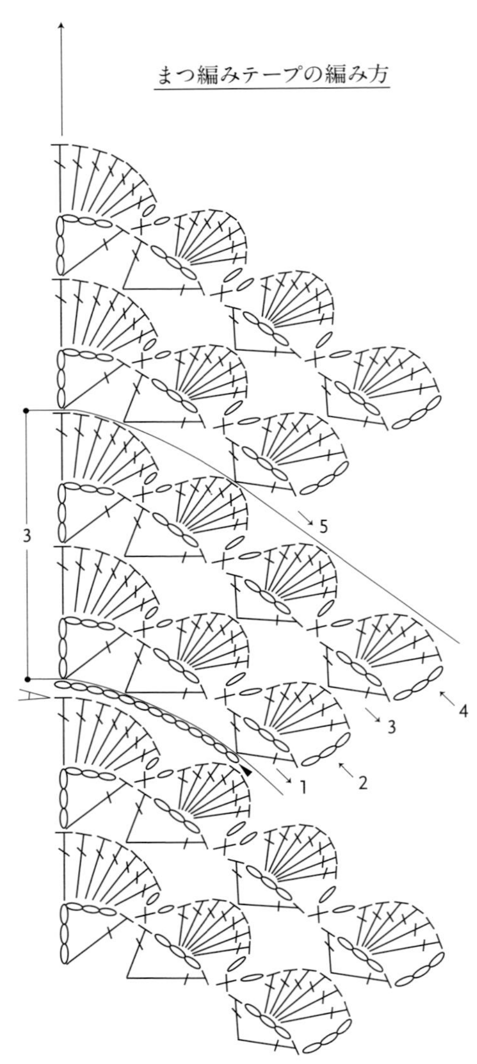

つくり目は13目。1～4段をくり返して編みます。
布端にこま編み1段を編み、これにかがりつけます。
DMCセベリア30番レース糸No989（黄緑）2本どり／レース針2号

020 玉編みでフリンジを

子供のころの服は、手づくりでした。できあがりが待ちどおしかったギンガムチェックのワンピースには、赤いレース糸のフリンジが縫いつけてありました。歩くたびにゆれるフリンジ、着て出かけるのが楽しみでした。
玉編みのフリンジは、いまはあまり大きなものはつくらないようになりました。サマーウールの細い糸や、細いコットンの糸で編んで、いくつも並べてフリンジにしています。
編みあがりは、くさりのループがクリンクリンして、玉の向きがあっちこっちに向いていますが、竹の棒や定規などをループにさし込み、ひっぱりあげながら蒸気アイロンをかけると、玉の向きがいっせいにそろいます。
毛糸を二つ折りにして結びつけるフリンジはあまりつくりません。ウールのショールの縁にも、小さな玉編みフリンジが並ぶとかわいいと思います。

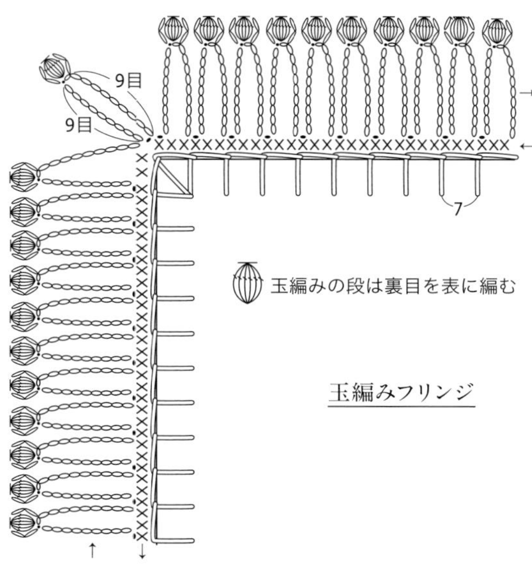

玉編みフリンジ

021 好みの糸のみつけ方

いまはもうなくなっているかもしれませんが、ニューヨークのどこにでもあるイタリアンケーキ屋さんでは、赤と白のコットン糸で、白いケーキの箱を結んでくれました。
友人が家具をコンテナで日本に送るとき、その糸をいっしょに送ってもらったことがあります。
かぎ針編みに使ったり、刺繍の糸に使ったり、いろいろな表情がみられ、面白いほど使いました。
たくさんあったその糸もすっかり“在庫はなし”になり、京都の糸屋さんアヴリルで撚糸していただき、赤＋白、黒＋白と８色展開のその糸で、いまではいろいろ楽しんでいます。

たこ糸とホワイトレーン

蔵前、厩橋交差点角にある糸の老舗店、町田絲店は珍しい糸がそろっています。場所がら、お神輿についているひもや、神社などで使いそうなひもなど、なんに使うんだろうと思う糸は、町田絲店でそろいます。
たこ糸とホワイトレーンも、町田絲店で見つけました。
たこ糸は４号、５号は事務所のまわりでも売っていましたが、１号から細かく、かなり太い号までそろっていました。
たこ糸の１号で、繊細な刺繍もいいですし、３号のかぎ針編みの花も、かわいらしいと思います。
ホワイトレーンは、事務所の近くで、1メートル単位で売られていたのですが、刺繍や編み物に、思いっきり使える大きな巻きを見つけたときは、うれしかったです。

ラクダ印の麻糸

いま好きな糸で、ラクダ印の麻糸があります。
麻の会社、トスコがやっている、人形町にあるラミノで取り扱っていると思います。
つやあり麻糸20/3（ラベルはラクダ印の赤）で編むクロッシェモチーフは、ほんとうにきれいです。

NKヤーン

青山、フースフリーデンが輸入元の、スウェーデンの織り糸、NKヤーンも、とくに刺繍に欠かせない糸です。
織り糸なので、着るものや、マフラーなどには向きませんが、かぎ針のモチーフつなぎのバッグは編んだことがあります。
私がいい糸といっているのは、値段ではなく、思うイメージを、ふんだんに表現してくれる糸だと思います。

022 私のツイーディー・ニット

文化服装学院を卒業してしばらくは、ニットも、平面で製図してつくる、直線的なシルエットのものをつくっていました。80年代後半のあるときから急に、からだにフィットする、きれいめなシルエットが求められるようになり、それまで関係なかった、減らし目や増し目、ダーツを用いたニットづくりに夢中になりました。
ウエストをしぼったセーターやジャケット、ボディー・フィットさせたニット・スーツ、バービー人形のニット・スーツも、ボディー・コンシャスにつくっていました。
そのころの仕事で、黒白格子のベストを編むことになりました。ずーっと惹かれていた、シャネル・ツイードのことが頭に浮かびました。
ただの格子柄では面白くないと思ったので、黒の糸を編み込んだあとに糸をきつめに引き、黒の縦縞に立体感をもたせました。編みあがったあと、編み地の上から縦横に、白のシルクギマのこま編みを編みつけました。
ぼこぼことした、ツイーディーな格子柄に仕上がり、この編み地はいまでも気に入っています。
ニットが、編んでいて面白いと思うのは、表目・裏目の組み合わせ方や、糸の引き加減のちょっとした違いだけでも、平面から立体までのいろいろな模様がつくりだせるからだと思います。
この柄も、わずかな違いから生まれました。
いまなら、バッグにしても、かわいい柄です。

 糸提供 パピー

○＝裏にわたる糸をひき、5目を1目分くらいに引き締めて編みます。

編み地の白は並太毛糸の白、
黒は並太毛糸の黒にパピーのキッドモヘアファイン黒（No24）をひきそろえて編んでいます。

023 アラン模様と交差編み

小西さんの会社で仕事をしているときに、オランダの古い編み地本を2冊見つけ、買い求めました。それまでは、太い縄編みやポップコーン編みが中心の編み地に、身幅いっぱいまで、縦に編み地を入れて構成するのがアランセーターと思ってデザインしていました。
その本は、もしかしたらアランセーターとはいわないかもと思いましたが、アラン島の生成りセーターとは違い、毎段の交差で模様が複雑になって、また、表編み1目がねじり目で編まれ、繊細な凸凹が美しいと思いました。
その本のなかに、メンズのハイソックスが何点かあり、そのふくらはぎのシルエットに合わせパネル状に編まれた菱形を、セーターのヨークに入れたりと、けっこう楽しみました。
ここ何年か、ピカソが着て有名になったSAINT JAMESのボートネックTシャツを着ています。横ストライプは飽きてきて、無地を買い求めています。
編まれた菱形を、洗濯機で何度か洗い縮め、Tシャツに縫いとめると、急に秋冬の感じになり、気に入っています。
フェア・アイルのテープも、Tシャツにつけたら好評でした。
ちょっとの手づくりが気分を変えてくれ、持っていた服の幅がひろがって、面白く思える、つくってよかった瞬間です。

how to aran → page92-93

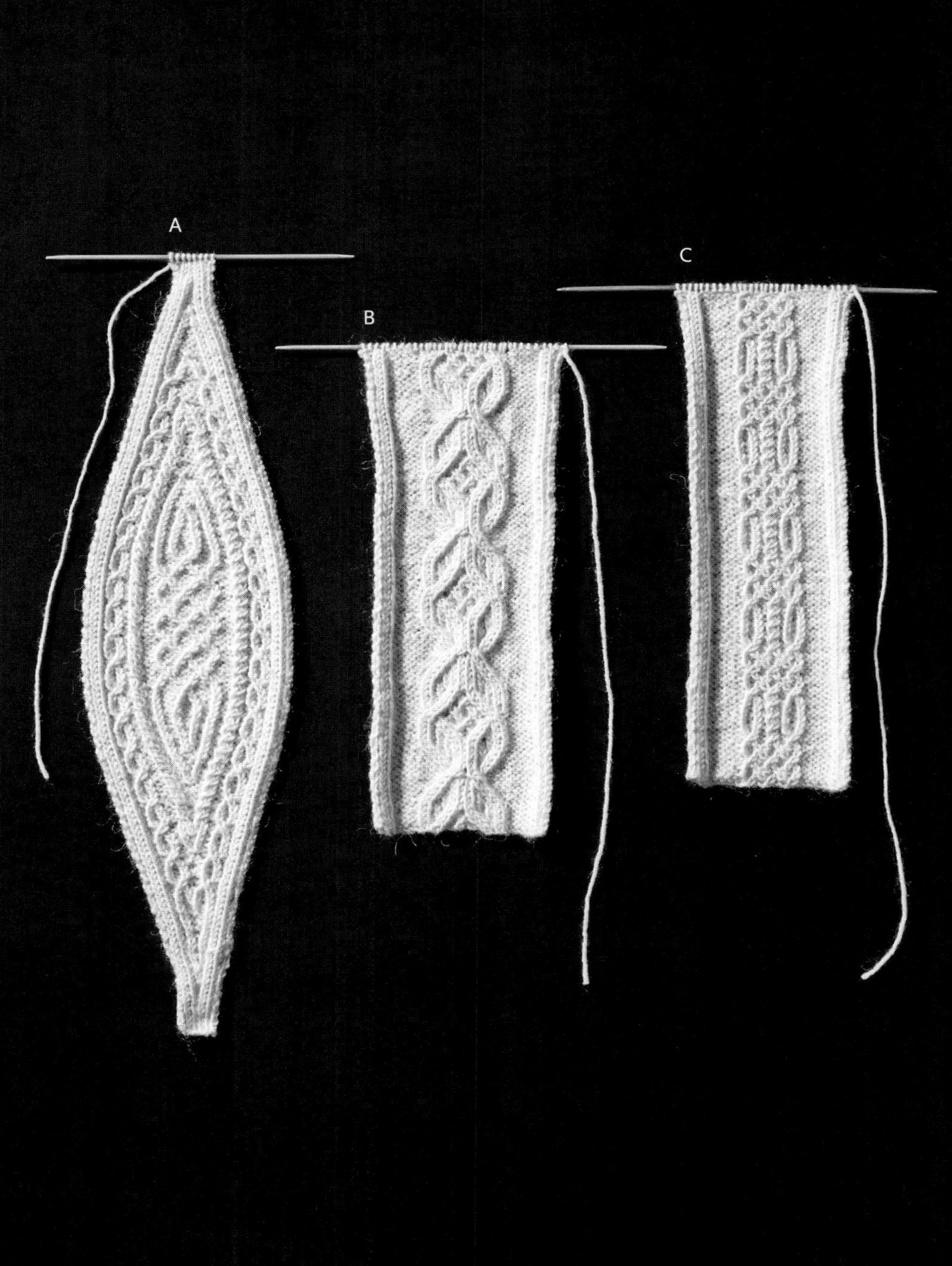

A
B
C

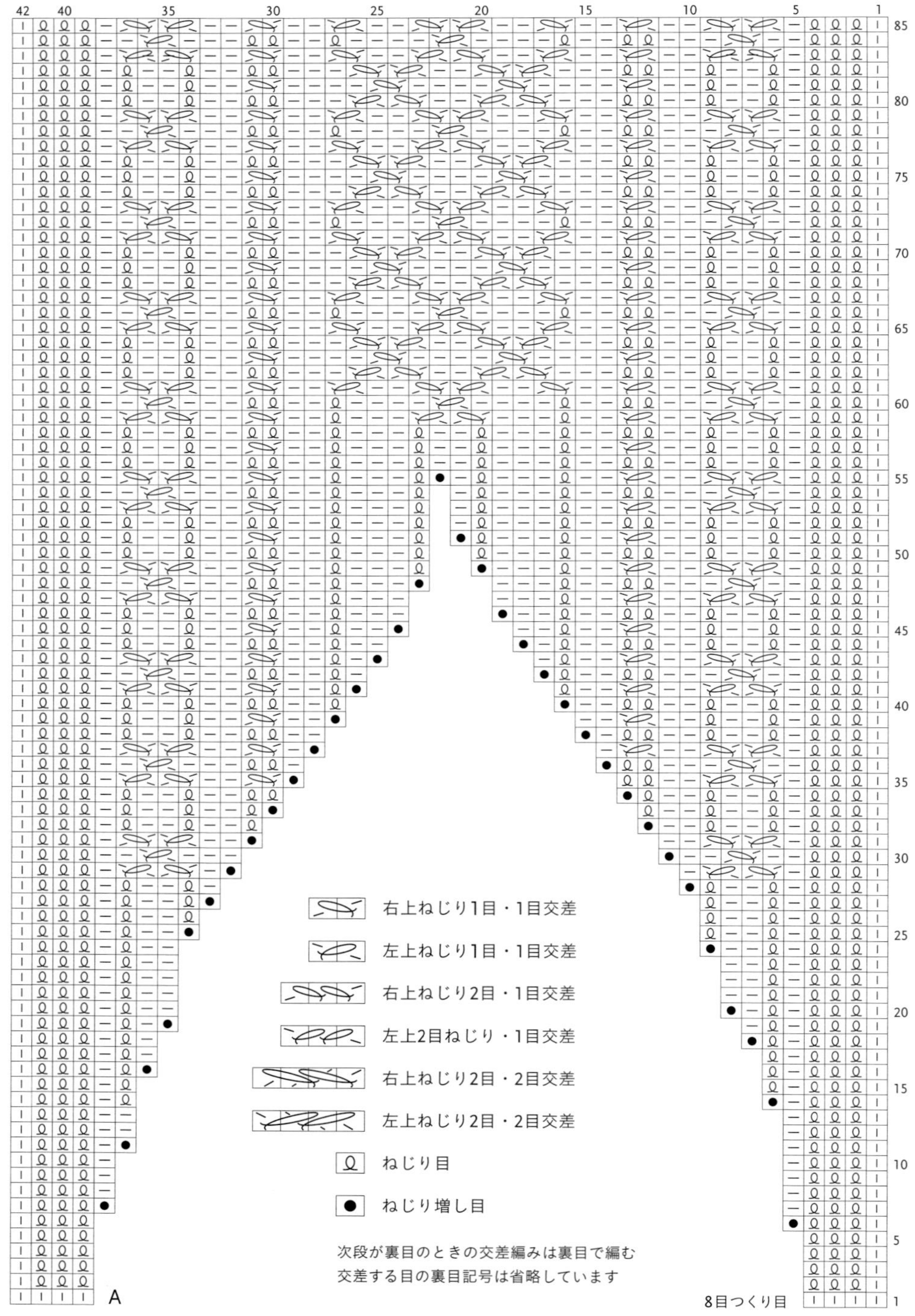
右上ねじり1目・1目交差
左上ねじり1目・1目交差
右上ねじり2目・1目交差
左上2目ねじり・1目交差
右上ねじり2目・2目交差
左上ねじり2目・2目交差
ねじり目
ねじり増し目
次段が裏目のときの交差編みは裏目で編む
交差する目の裏目記号は省略しています
8目つくり目
A

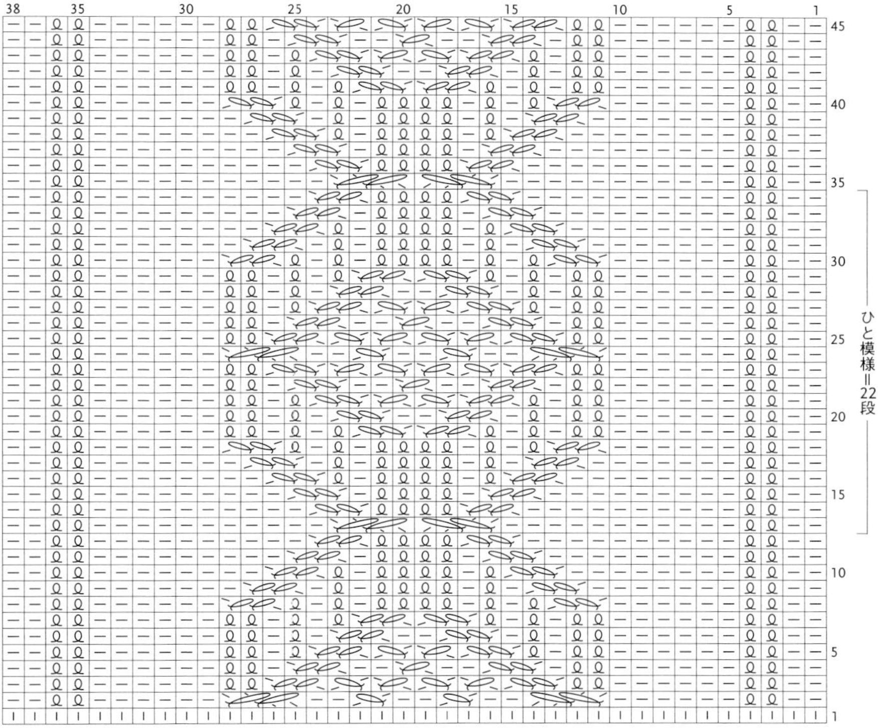

38
35
30
25
20
15
10
5
1
45
40
35
30
25
20
15
10
5
1
ひと模様=22段

B

30
25
20
15
10
5
1
33
30
25
20
15
10
5
1
ひと模様=16段

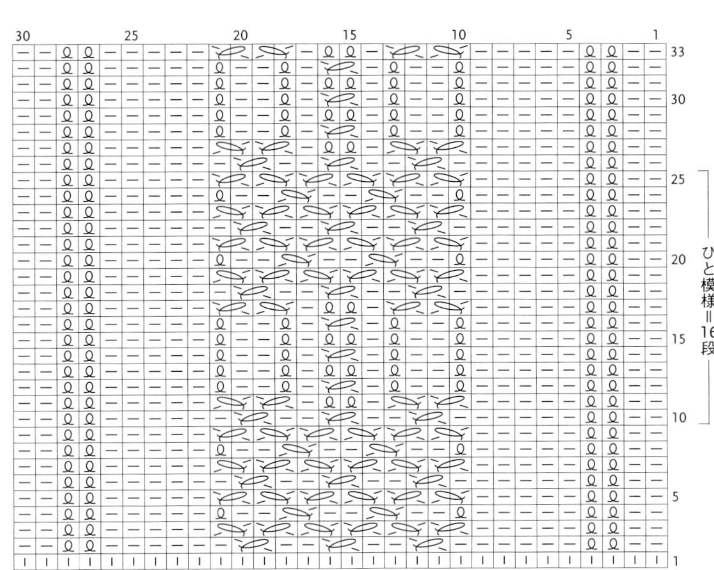

C

024 シェル編みでモードなBag

和風の家で生まれて育ちましたが、世の中は1950年代。ミッドセンチュリーには建築物、家具、車、テキスタイル、女性までも、すべてのデザインが、デザインの頂点にあったアメリカは、ぜいたくな時代でした。そんな時代の影響を受けて育ったなかで、いちばん心に残っているのが、近くの米軍ハウスに住んでいたおかあさんたちでした。

TVでも、「ルーシー・ショー」や「奥さまは魔女」を観て、アメリカの生活がなんて豊かとびっくりしました。きれいなスーツを着て、バッグと帽子を身につけおでかけする姿は、ウエストが締まり、バービー人形がそのまま歩いているようでした。

この立体感のある編み地のバッグをはじめて見たのも、家の近くのカーテン屋さんで、カーテンをつくりにきていた米軍のおかあさんが持っていたものでした。

大人になって、何度か古着屋さんで見たこともありましたが、糸が入手できないのですっかり忘れていました。

新宿のバーニーズでこの糸で編まれたバッグを見つけました。かなりすてきな色をつけた、すてきなバッグでした。糸が流通していると思い、糸メーカーを調べたら、ハマナカという糸メーカーが扱っていました。きれいな色はつけていませんでしたが、ついにこの糸で編めるとウキウキしました。

シェル編みで、立体感のある編み地をつくるときは、図のように目をひろって編みます。このとき、ゆるく編むよりは、しっかりめに編まれると、きれいに締まった編み地になります。

いまは京都のモンドフィルという糸メーカーが糸を持っています。若い社長さんですが、頑張っています。

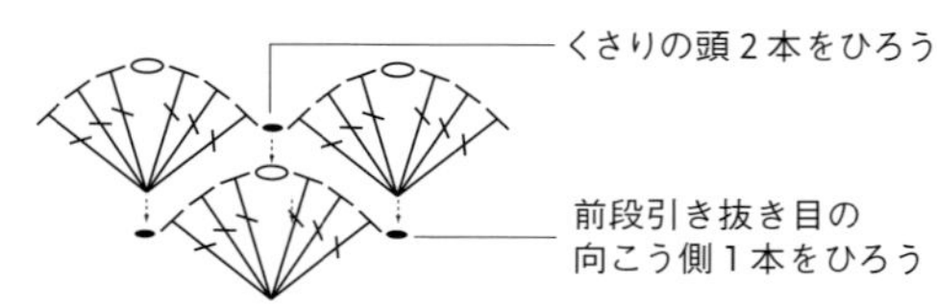

how to shell & bag → page94-97

シェル模様は長編みの数が増えるほどぼこっとしますし、裏目側の方が立体的です。

シェル編みバッグ →page12

MATERIALS

コード糸　モンドフィル／ハッピーパーストNo20（シルバー）　600g
ボーンテープ白（1.3cm幅）長さ46cm　2本
裏布　茶のグログラン　90cm×57cm
F芯 80cm×23cm　　接着芯（厚地）　21cm×16cm
貝ボタン（径3cm）　1個
力ボタン（径7mm）　1個

NEEDLE

かぎ針2/0号

HOW TO

■つくり目180目を輪にし、1段ごと編み地を返しながらシェル編みでぐるぐる編む。
→口側から編みはじめ、指示の段でシェルの目数を増やして編む。
■口をこま編みで編み縮め、底を巻きかがる。
■持ち手をつけ、裏袋をまつりつけ、ボタン（裏側に力ボタン）とループをつける。
→裏袋は、布を編み地の縦横サイズに合わせて粗裁ちしておき、
F芯を貼ってから縫い代1cmでカット、
底をはぎ合わせ、脇を縫い、口から2cm控えてまつりつける。

❶裁断図　本体裏布は縫い代1cm 。F芯はできあがりより5mm控えて裁つ。
ポケットは縫い代1cm。片側に芯を貼りダブル仕立て。

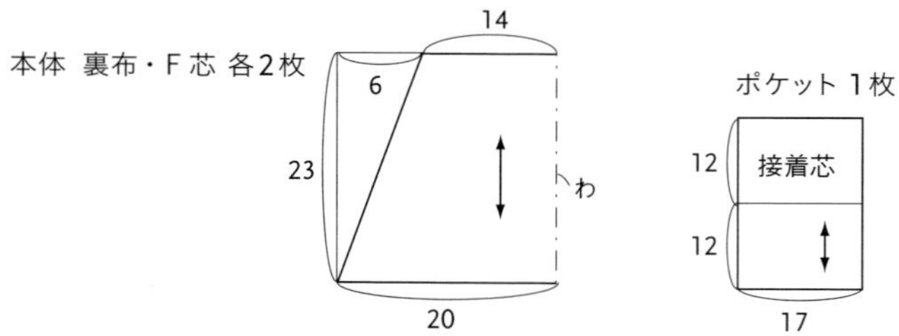

❷持ち手とループの編み方

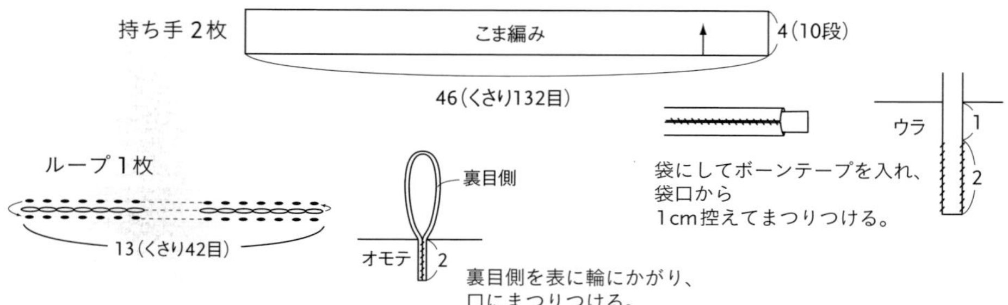

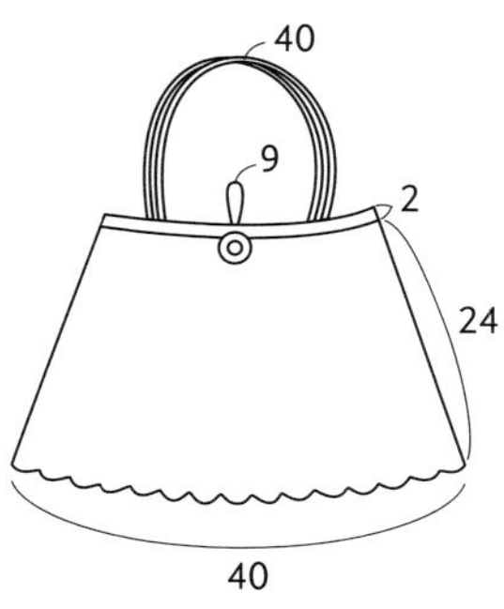

❸本体の編み方

1段にシェル編み30模様。
奇数段は裏目、偶数段は表目になるよう、
1段ごと編み地を返して編む。
口編みはつくり目から150目をひろい、
こま編みで6段編む。

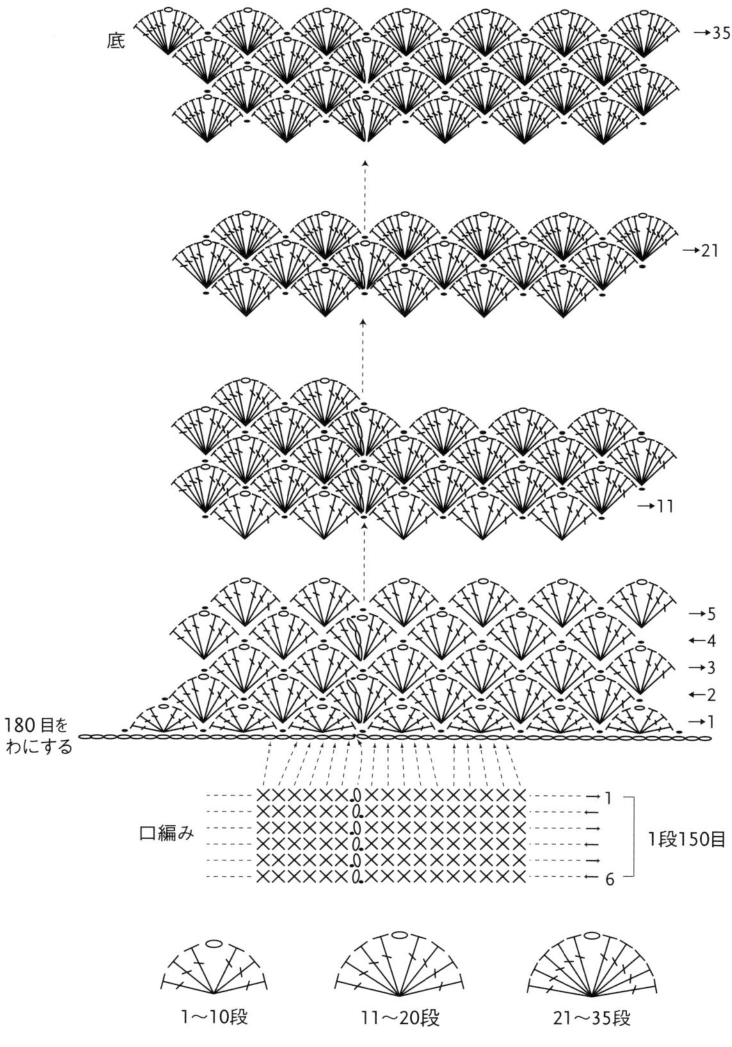

底
→35
→21
→11
→5
←4
→3
←2
→1
180目をわにする
口編み
→1
6
1段150目
1〜10段
11〜20段
21〜35段

025 なつかしいグラニーバッグ

ぼこっとした派手なモチーフをたくさんつなぎ、長方形のかたちになったら口部分を編みながら縮め、脇と持ち手を一気にグルグル編み、できあがり。
はじめて編んだこのバッグは、できあがってから裏布をつけていたので、ダーツをよせたり、苦戦をしていました。考え方を変え、長方形のかたちに編みあがったときに、裏布をとめてみました。
そのときにちょうどいい布は、ローンくらいの薄手の生地を、ちょっと突っ張り気味に縫いとめるといいようです。
このかたちのバッグは、パピーから出ているミュルティコという糸でモチーフをつくってみたら、よく合うように思いました。段染めの色が短いピッチで変わっていくので、編んでいると楽しいのと、くさり編みの裏目を表に使うと、くさり編みだけの花モチーフがすごくかわいらしく見えます。
ミュルティコは、ポップな、派手な色目のものも、シックな色のものも、発色がいいと思います。
アヴリルのガウディや、ハマナカのモール糸も、糸が太くなるので、モチーフの数が少なくなって、このバッグには扱いよい糸と思います。
ミュルティコの中心には、2本どりのモヘアで長編みを。
ここは表編みを表に、ミュルティコのくさり編みの花びらは、モヘアの長編みの裏目を見て編んでいきます。
モヘアとミュルティコのモチーフをつなぎ終わったら、和紙の糸で編む小さいモチーフを、ミュルティコの花びらの8カ所につないでいきます。
がらっと違う和紙の糸を使うことで、モヘアとミュルティコのモチーフが目立ってくると思います。

how to motif & bag → page 99-101

ミュルティコで編む、ぼこっとした花びらがかわいらしさの決め手です。
1段目 モヘア2本どり／かぎ針4/0号
2段目 ミュルティコ1本どり／かぎ針5/0号

花モチーフのグラニーバッグ →page28

MATERIALS

段染め糸　パピー／ミュルティコ(ブルー系グラデーションのもの)　160g
モヘア糸　パピー／キッドモヘアファイン
　シルバー(No54)、ネイビー(No38)、グリーン(No39)、水色(No53)、グレー(No15)
　各12g
和紙の糸(ベージュ)　60g
和紙の糸(ブルー)　50g
手芸用ビニールリング(径8mm)　219個
綿ロープ(径5mm)　372cm
裏布　薄手ローン　55cm×45cm

NEEDLE

かぎ針4/0号　5/0号

HOW TO

■大のモチーフをつなぎながら編む。
→1段目はモヘア2本どり、2段目は編み地を裏返してミュルティコで編む。
→ぜんぶが編めたらあいだに小のモチーフを編みつなぐ。
■編み地に合わせて裏布を裁ち、編み地の4辺に突っ張り気味に縫いとめる。
■和紙の糸で口にギャザーを寄せながら図(page101)のように編む。
脇と持ち手も図のように続けて編み、それぞれに綿ロープを入れてくるみ、内側に折ってかがる。

❶モチーフの配置と配色

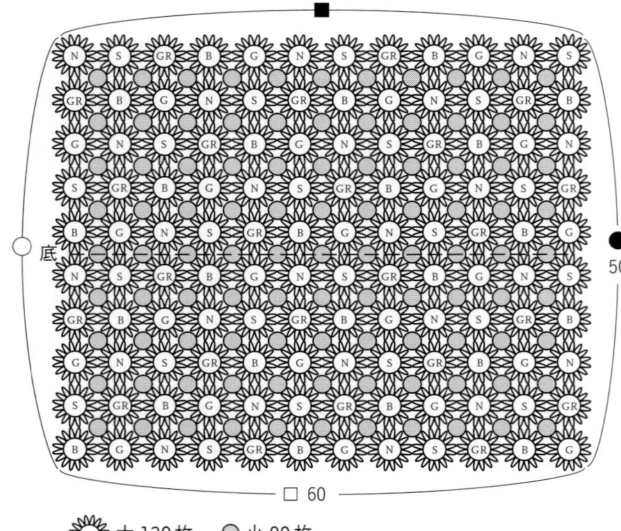

★モヘアの配色
S　シルバー
N　ネイビー
G　グリーン
B　水色
GR　グレー

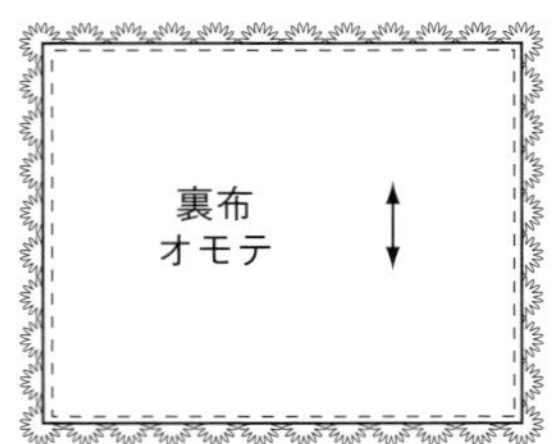

裏布はモチーフの中心から中心で寸法を決めてカット。1cmを内側に折って突っ張り気味に縫いとめる。

❸編み方・まとめ方

モチーフを編みつなげるときは、かぎ針をいちどはずし、
指定の目から針を入れて目を引き出してください。
口（■□）側は各31目をひろい、こま編み7段を編む。
脇（●○）の40目ずつをひろい、別糸で編んだくさり48目2本をつけながら、
こま編みの往復編みで7段（1周は176目）を編む。

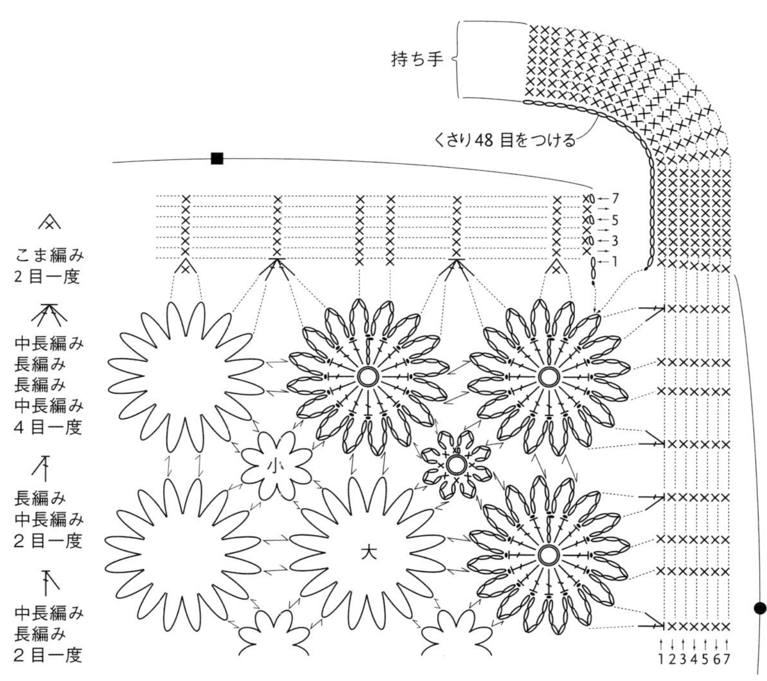

モチーフ小　和紙の糸ベージュ2本どり／かぎ針5/0号
口・脇・持ち手　和紙の糸ブルー2本どり／かぎ針5/0号

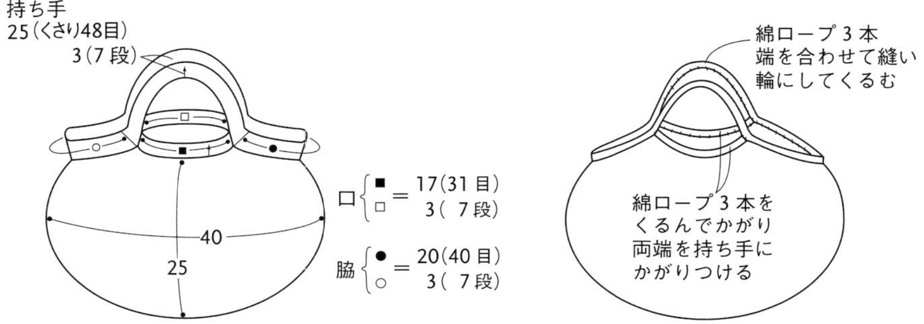

026 ネット編みのエコBag

バッグの仕事をするようになり、昭和の時代の手芸の本をいろいろと見ました。
そのときのひとつ、昭和30年につくられた本のページに、子供のころ、母が持っていたのと同じような買い物袋が載っていました。
母の持っていたのは、ネット編みで編まれたものでした。底はいろいろな糸でカラフルに編まれていました。その底は二重のつくりで、袋の部分がそのなかにしまえるようになっていました。
すっかり忘れていたこの袋のことを思い出し、アレンジして編んでみたのが写真のバッグです。
銀糸で、底のモチーフ2枚を編み、2辺をかがり、入れ口のあるケース状に仕立てます。ケースのまわりから目をひろい、スパングルを編みつけながら、麻糸のネット編みでぐるぐる編みあげていきます。
昔は、大きな紙袋をバンバンくれるような時代ではなかったのでこういうものが必要だったと思いますが、これは、いまの時代にも役立つ、究極のエコバッグだと思います。
色糸で、シンプルに編まれてもよく、ふだん使いにされるときは、持ち物をスカーフ等に包んでなかに入れ、スカーフとのコーディネイトを楽しまれると、おしゃれと思います。

how to bag → page104-107

ケースは裏目側が表になるように仕立てます。

ネット編みバッグ →page23

MATERIALS

銀糸　16打芯入り（0.8mm）　20g
麻糸　ホワイトレーン（16/3）　35g
シーホース／スクエア型8mm角スパングルオーロラ（8SQ-21）　364枚
足付き銀ボタン（長さ14mm）　1個

NEEDLE

かぎ針2/0号 4/0号

HOW TO

◎麻糸にスパングルを通しておく。

■モチーフ2枚（銀糸）を編み、2辺を巻きかがりケース仕立ての底をつくる。
■ネット編みで本体を編む。
→底の端に麻糸をつけ、116目をひろう。
→1段目はスパングルを入れずに編み、
以降より、こま編み1目に1枚ずつスパングルを入れながら編む。
→1〜11段は増減なく24模様でぐるぐる編む。
→12〜18段は目を分け、毎段糸をつけ同じ方向に編む。
■ぜんぶが編めたら、裏目側を表にし、縁にこま編みを編みつける。
このとき、縁に続けてくさりを編み、持ち手も同時に編む。
■底にボタンをつける。

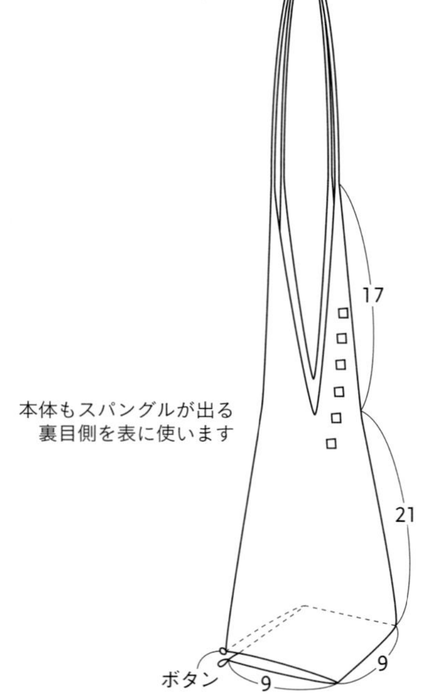

❸底の編み方　銀糸の1本どり／かぎ針4/0号

モチーフ2枚を編み、図のようにかがり合わせてケースに仕立てる。

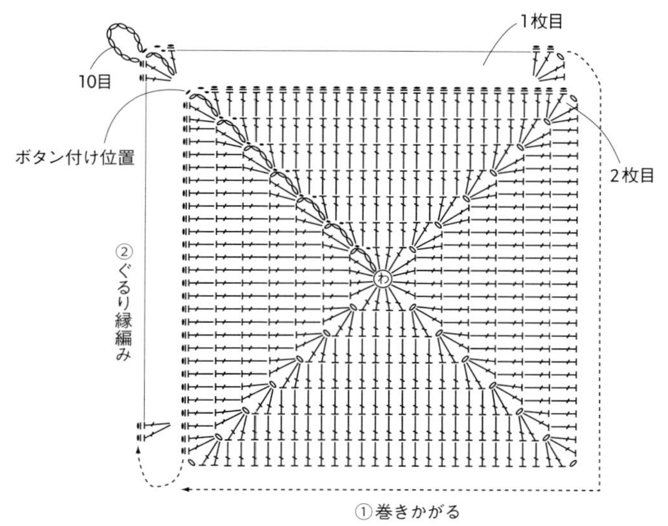

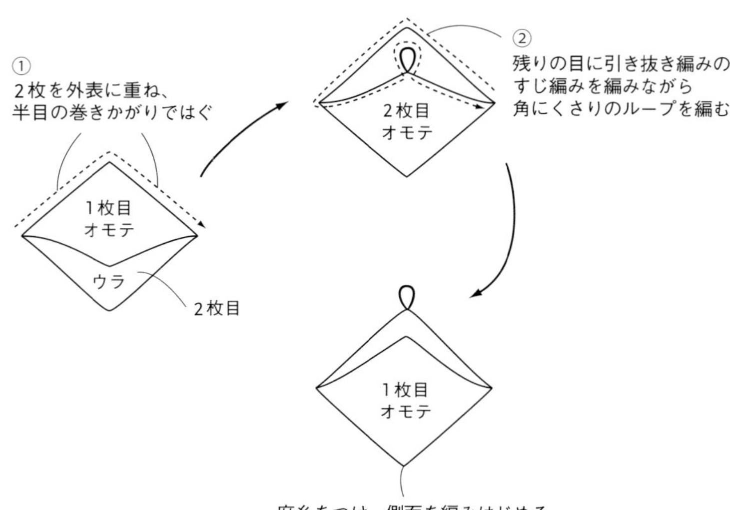

❸本体の編み方　麻糸の1本どり／かぎ針2/0号

ケースから116目をひろい、くさり10目のネット編み24模様(すじ編み)を輪に編む。
2段目からは、前段くさり目を割り、こま編みに1枚ずつスパングルを編みつけながら編む。
2～11段は増減なく24模様で編み、12～18段は図のように目を分けて編む。
ぜんぶが編めたら、編み地の裏目側を表にし、①～⑤の順に縁と持ち手を同時に編みあげる。

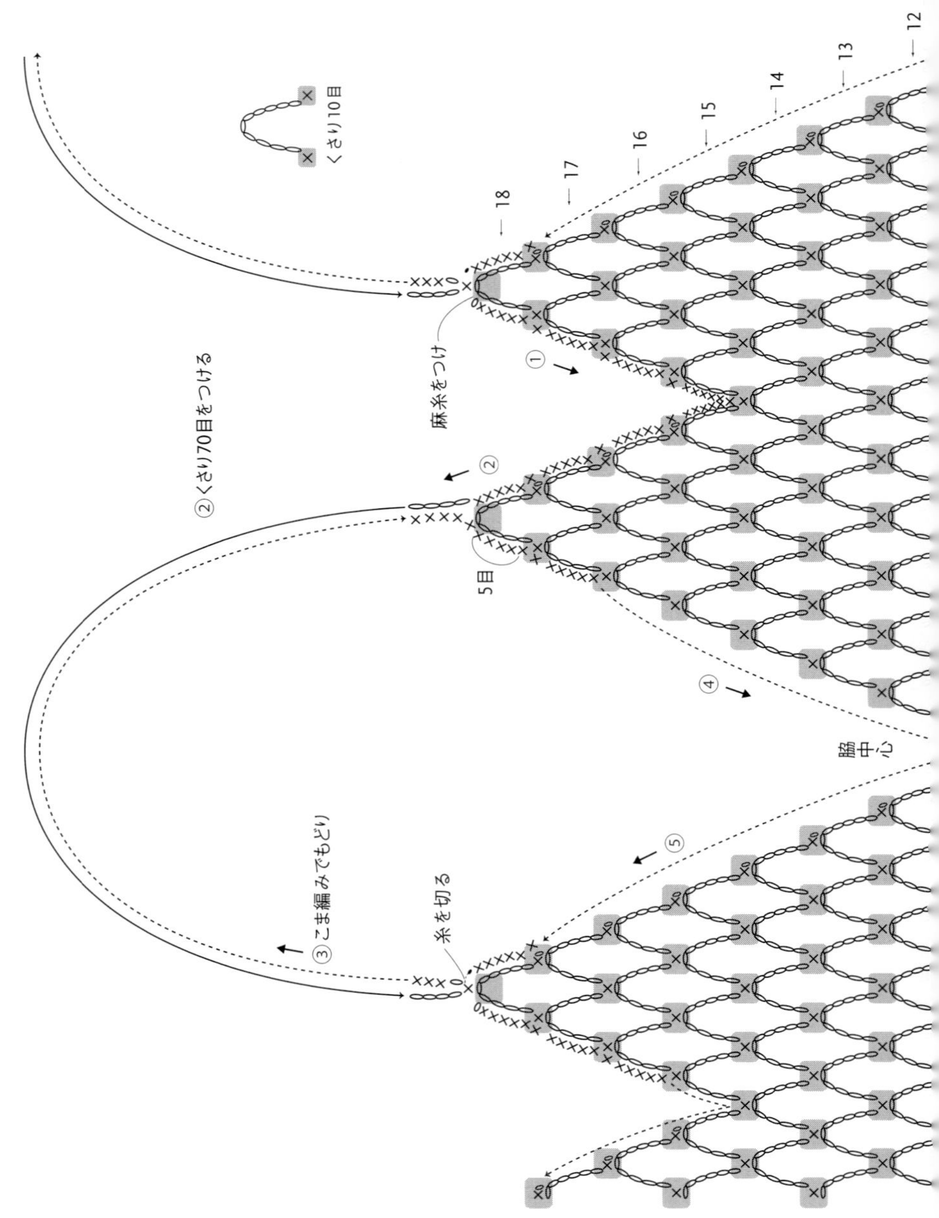

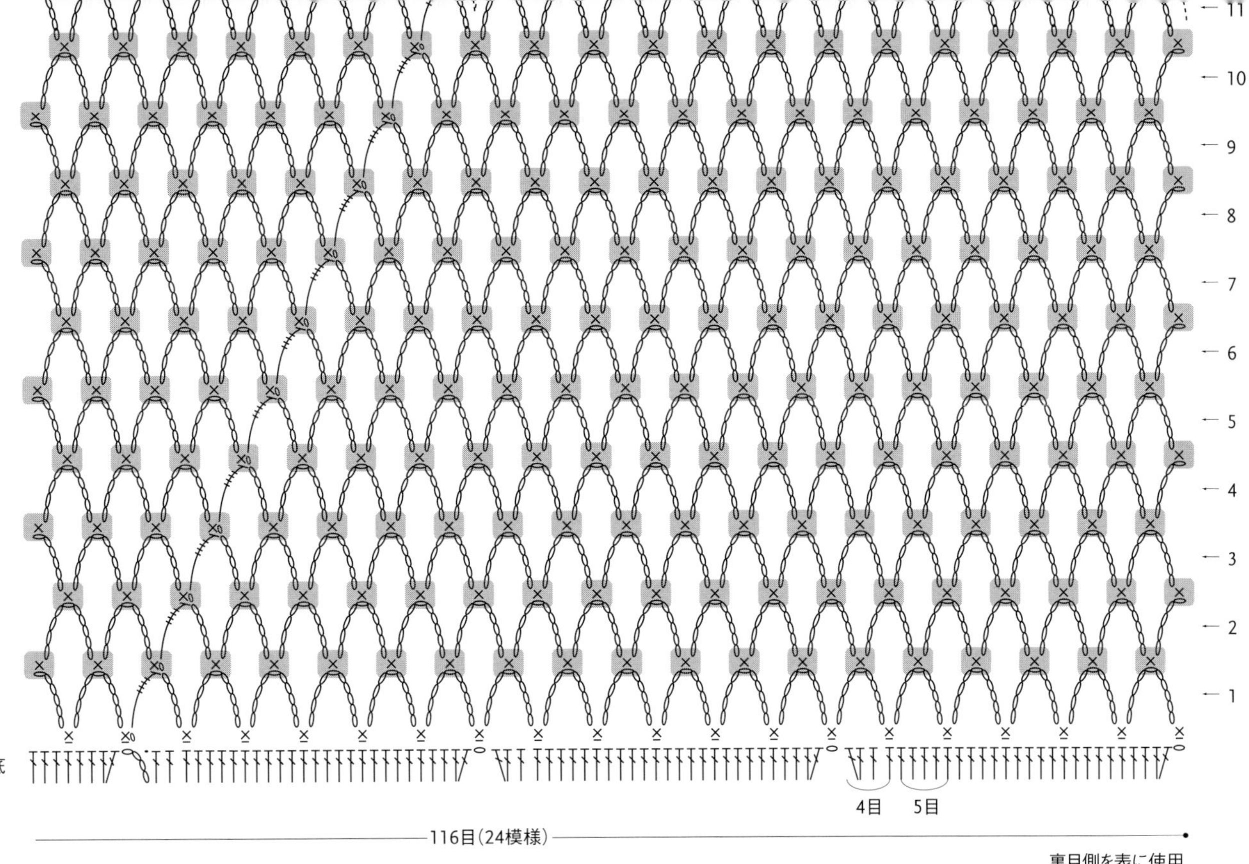

11
10
9
8
7
6
5
4
3
2
1
底
4目
5目
116目（24模様）
裏目側を表に使用

027 シンプルにニット・ジャケット

かぎ針編みや、バッグが人気のときでした。
バッグの制作を頼まれることが多かったあるとき、着るものをつくって欲しいという依頼を受けました。
久しぶりのウエアだったのでいろいろ考えました。
いぜん、"一つ目小僧" というレディースメーカーで働いていたとき、編んだことがないフェア・アイルの編み込みセーターを編みました。伝統のニットだったので、イギリスのタータンチェックのキルトに合わせて色合わせするといいと思いました。
ニットは独学で編んでいたので、身ごろからヨークを編みながら、ヨークの編み込みを緊張して糸のわたりがきつくなってしまい、着ると肩がこるセーターができあがった記憶があります。
そのセーターのときのことを挽回したく、できるだけ裾からネックまで続けて編んでみたいと思いました。
極太毛糸のガウディを使い、ジャケットを編むことに決めました。
ガウディは、1本の太い糸を軽くねじってつくる糸で、空気が入ってあたたかく、素朴な風合い、ボリューム感のある編みあがりが楽しめる糸です。この持ち味を生かすために、ガーター編みで編むことに決めました。
ただ、編み地が厚くなるので、はぎ目が目立つと思いました。できるだけ、はぎ目のないジャケットにしようとも思いました。
このジャケットは、そんなことから、身ごろや袖をセットインしないで編んでいます。
前後身ごろをいっしょに往復に編み、筒に編んだ袖をつけながら、ヨークを編みあげていきます。

how to jacket → page110-111

ガーターなので、端目も編みっぱなしにしました。
全体にすっきり見える、すごく好きな感じに仕上がりました。
その年のお正月は、糸を変え、素材に合わせて編み地も変え、いろいろなジャケットを編みました。
どれも着心地よく、はぎ目のないジャケットは、自分が編んで、着てみたいジャケットになりました。

→page17

ガウディのニット・ジャケット →page16

MATERIALS
アヴリル／ガウディNo30（ブラック） 600g

NEEDLE
12号棒針・12号輪針

GAUGE
10cm＝13目×26段

SIZE
胸囲86cm 着丈48cm 裄丈58cm

HOW TO
◎糸は1本どり。

- 身ごろは裾から減目しながら61段編んだら両脇で8目ずつ目を休め、うしろの8段を編む。
- 袖は袖口から増し目しながら71段を輪に編む。
- ヨークは身ごろと袖から目をひろって編み、裏から伏せ止めする。
- 袖と身ごろのまちを合印（●○×）ではぎあわせる。

作品はバストサイズを決め、それを4等分し前後身ごろを同寸幅に編んでいますが
バストが大きい方が前後を同寸に編むと背中に余り分ができてしまいます。
その場合は、サイズ調整をし、前身ごろに余裕をもたせて編んでください。

❶まちのはぎ方

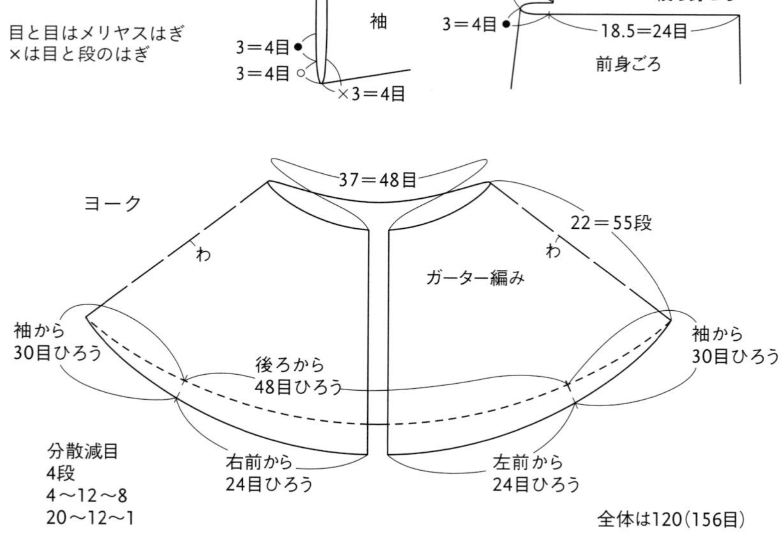

ガーター編み

袖

身ごろ

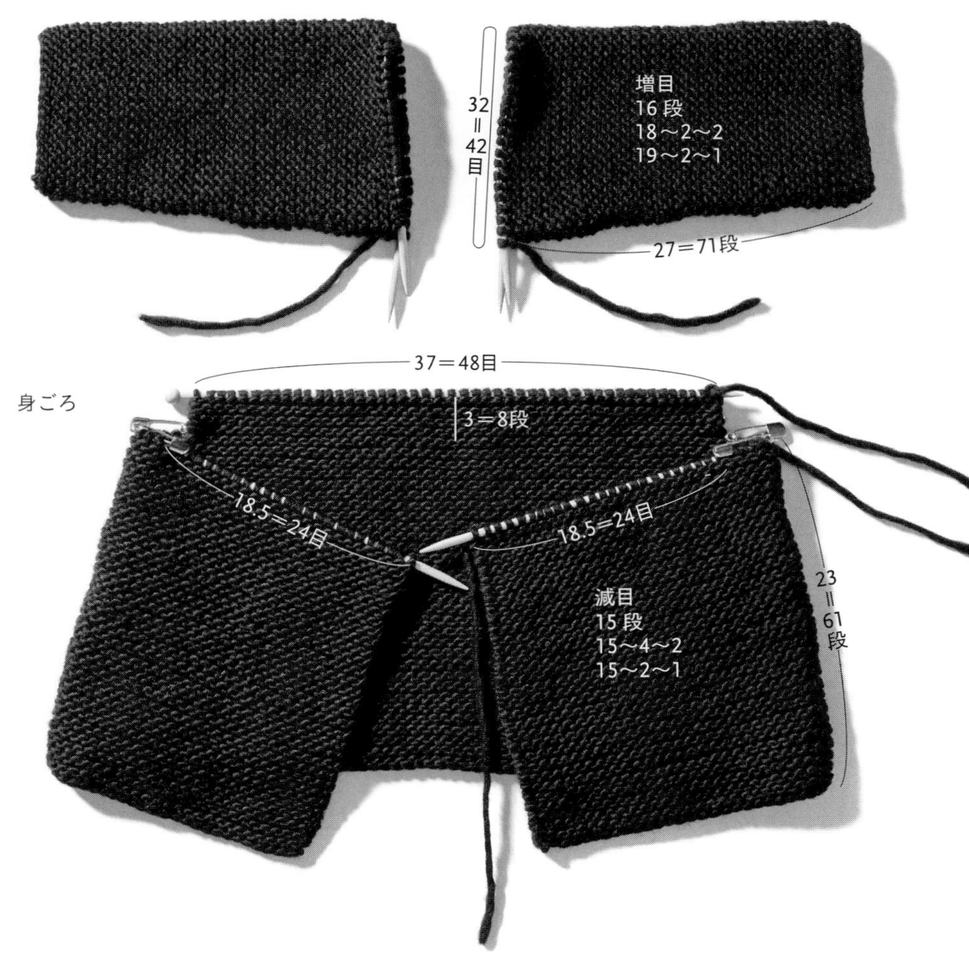

袖はつくり目36目(28cm)、身ごろはつくり目122目(94cm)でスタート。

028 楽しくなるつくろい術

大好きな衣類ほどダメージが多いもので、写真の濃グレーのニットは、大好きなA(エース)というメーカーが丁寧につくった、衿つきのカーディガンでした。
ふっと気をゆるしたら、洗濯をする前に虫に食べられてしまいました。
工業機械で編まれた編み地は、手直しできるほどかんたんな編み地ではなく、かといって、ごみ箱にポイするのにはしのびなくて、そういうときには思い切り別の雰囲気のものにしてしまおうと、白と黒で編んだ小さな花をつけて、着られるようにしました。
ほかにも、いろいろな失敗をした着るものを直して、大切に着ています。
そのなかでも進化しているTシャツは、ビーズ編みの財布のスタート6段をマカロンのようにつくり、トマトソースのとんだ点々にアップリケで隠しとめ、どんどんビーズ・マカロンの数を増やしています。そうなると着るのが楽しくなって、ちょっとウキウキします。

029 スパングル・ポーチ

昭和36年ごろの白黒の記念写真には、晴れ着姿に運動靴をはいて、なんだかうれしそうにニコニコ笑っている私が写っていました。しっかり覚えています。草履で土の坂道をすべり、羽子板をするのに靴にはきかえたあとに撮った写真です。
なんでそんなにうれしいのかと写真をよく見たら、手に羽子板ではなく、ビーズのハンドバッグを持っていました。
あのころは、年末になると小さながま口のセットを、祖母、母のだれかが、私たち姉妹に編んで贈ってくれていました。
友人と話していたらやはり、友人の三姉妹にも、叔母さんが編んだ財布やバッグが毎年、送られてきたとのこと。「よほど流行ってたんだね」と話したことがありました。
まわりを見渡しても、地味なものばかりだった子供のころ、プレゼントされたキラキラ光るビーズのバッグは、はじめて手にするスペシャルなものでした。大人になったいまでも、持ったときにウキウキするのは、光る素材（ビーズやスパングル）が私にとって、スペシャルな素材なんだと思います。
いろいろな、光った素材を糸に通し、バッグや小物をつくってきました。なかでも、いま編んでいると楽しいのは、13色のスパングルを編み込むバッグとポーチです。

how to pouch → page 116-117

こま編みにビーズを編み込むのとは違い、長編みにスパングルを2目おきに編み込んでいくので軽くできあがりますが、ポイントは、通常のゆるいゲージで編んでしまうと、スパングルがいろいろな方向を向いてしまうことです。
生徒さんには2/0号のかぎ針を使うところを、レース針0号で編んでもらっていますが、さらに手のゆるい方は、レース針2号を使用してもらっています。
しっかり長編みを編み、スパングルを入れたら糸を引き締めます。
これをすれば、すっきりとしたニット小物ができると思います。

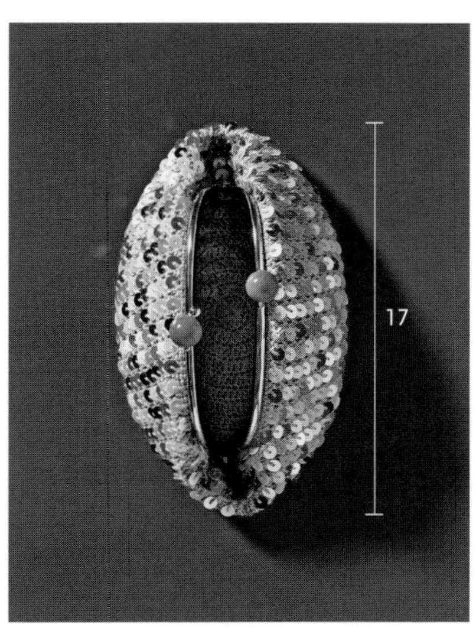

深さ11.5cm。収納力も抜群です。→page18

スパングル・ポーチ →page18

MATERIALS

麻糸　ホワイトレーン(16/3)　120〜130m
シーホース／平丸型スパングル　720枚(好みの13色を各約56枚ずつ)
玉付き口金穴あきタイプ(12cm幅×深さ6cm)　1個(片側59穴のもの)
かがり糸 手芸用テグス3号　少々

NEEDLE

レース針0号(手のゆるい方はレース針2号)

HOW TO

◎糸にスパングルを通しておく。
◎しっかりきつめのゲージに編んでください。

■底から側面を一気に編む。
→2回巻きの「わ」をつくり、長編み15目を編み入れる。
2段目からは、2目おきにスパングル1枚を編み込みながら全19段編む。
このとき、10段までは増し目をし、11〜19段は増減目なしに、10段目と同じに編む。
■20〜21段に、こま編み(すじ編み)を2段編む。
■口金をつける位置と、中心に糸印をつけ、図を参照して口金をつける。

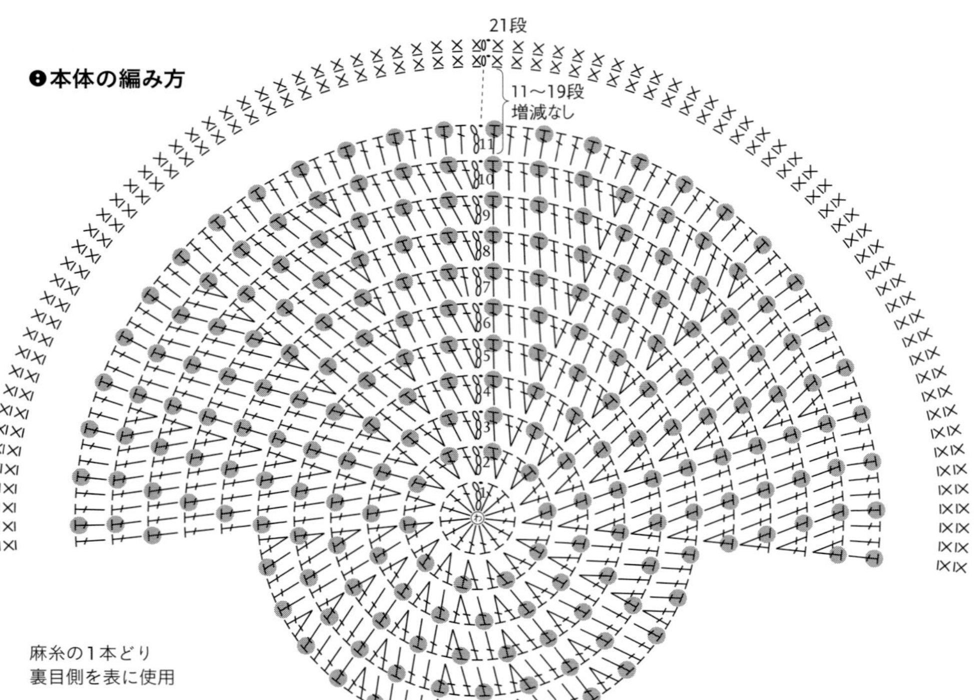

❺糸印のつけ位置

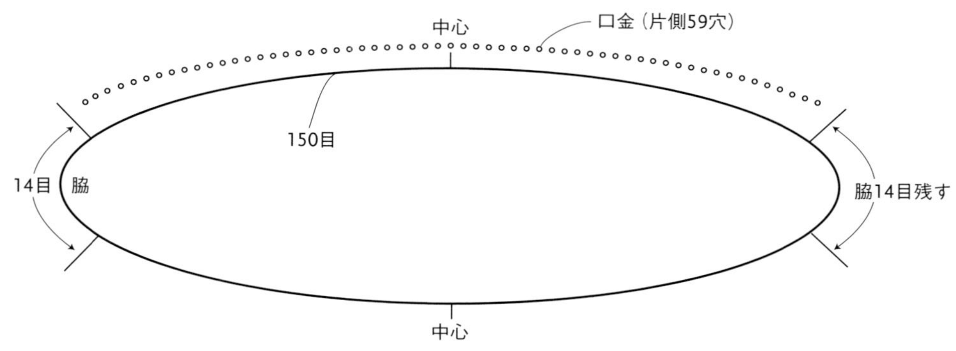

1穴に1目ずつ両端と中央は2目ずつつける

❻口金のつけ方

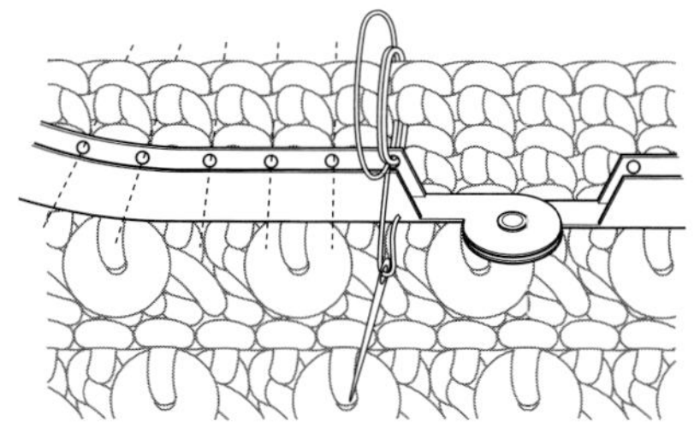

1 テグスに玉止めをつくり、裏目を3、4目すくってスタートの目に糸を出し、同じ目と穴に3回巻きとおす。

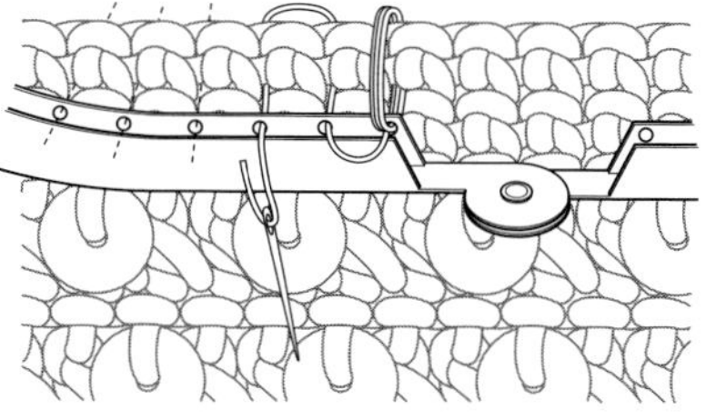

2 穴と目を合わせ、1目（1穴）すくう。

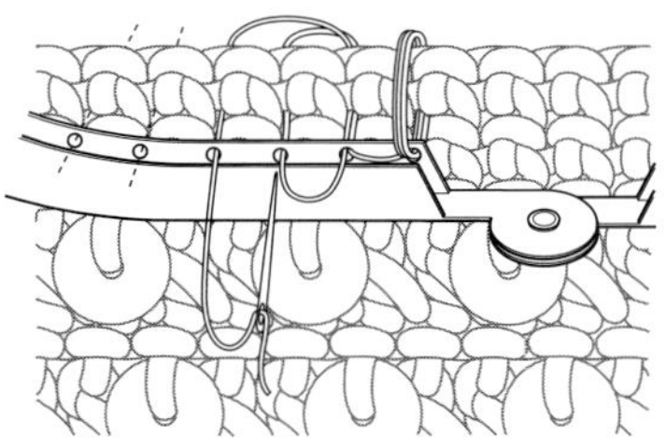

3 となりの目から糸を出し、ひとつ戻って糸を入れることをくり返す（バックstの要領）。

4 最後は1と同様に3回巻きにし、裏目を3、4目すくって玉止めする。

030 冬のぜいたく

東京駅、KITTEにある毛糸屋さんで見つけた、イギリスの原毛に近いウールの糸は、サンプルのスワッチもよかったし、毛足が長かったので、やや高めの値段だけど、お教室の生徒さんに、1玉でできるマフラー用として提案できると思い、1玉だけ買い求めてみました。さっそく編み地を編み、マフラーの幅、長さを計算してみたら、1玉では幅がせまく、若い人がしたらよく似合いそうな感じがしてしまい、できあがったらやっぱり自分用にもしたくてもう1玉を追加しました。
最初の、1玉で完成させると張り切った意気込みは、どこかにいってしまいました。
編み地は大好きなパターンの連続柄にしました。スタートのラインがスカラップ状になり、編みっぱなしそのままでかわいらしい編み地です。
秋、冬、春と、首に巻く布は手放せません。
薄手のスカーフからはじまり、カシミヤのきれいな色のマフラー、ニットで編んだマフラー、また薄手のマフラー、スカーフにもどりますが、夏でもクーラーが効きすぎの場所もあるので、薄手ショールはバッグに入れています。
スカーフは綿、麻は別ですが、シルク素材は、ずれてきても、やはりシルクだと思います。
ニットのマフラーも、シルク混だと発色がよく、気持ちのいい巻きものに編みあがると思います。

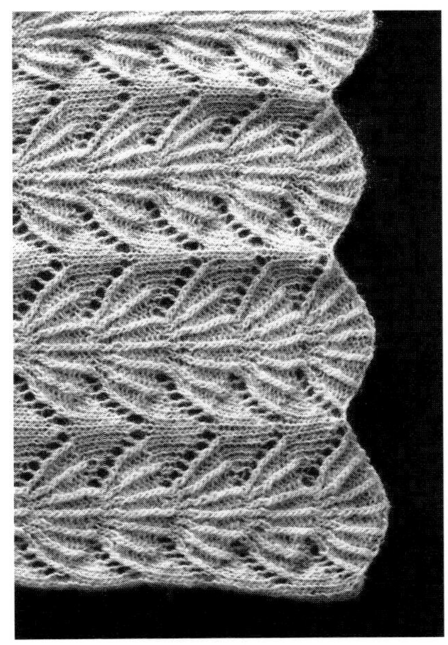

原毛は少しオイリーですが、
お湯につけると風合いが増し、
身につけていて気分がよくなるマフラーに。
首にひと巻きし、きゅっと結べるくらいが
私にはちょうどよく思います。

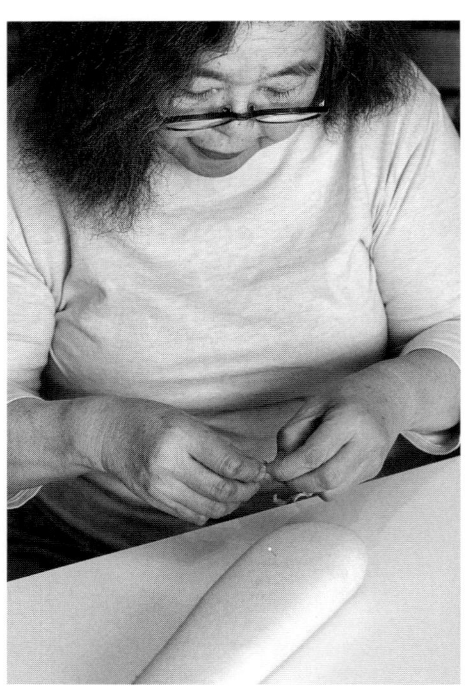

 how to stitch & bag → page154-156

刺繍を楽しむ
エッセンス

031 おしゃれ心を大切に

手芸スクールを18年ほどやっています。生徒さんの大半はバッグをつくっています。つくったバッグを持って歩けるのがいいのだと思います。一つ一つ、つくるたびにどんどんうまくなっていきます。私のデザインなのに、生徒さんが選ぶ素材や色で作品は進化して、ときどき、どきっとするバッグになっていきます。
2000年、私ははじめての刺繍バッグの本を出しました。ちょうど、刺繍のバッグが流行しはじめて、街行く女の人たちの、バッグを持ち、歩く姿が生き生きして、かわいらしかったのを思い出します。そのころのファッションを思うと、服と靴とバッグのバランスがすごくよく、日本の女の人に合っていたように思います。
一枚の絵を描くように刺繍したトートバッグ、水玉、縞などを利用して幾何学模様を刺したバッグ、キラキラ光るビーズのバッグなど、いろいろつくってきました。
バッグづくりをはじめるときには、古今東西の文様集や、服飾関係の本を開くことは欠かせませんが、ハイブランドのバッグも、素材やつくりのチェックをときどきしています。なぜ高価なプライスがつくか納得ができます。また、時代の流れも、無視できないのをいつも感じています。
みんなの気持ちが沈んでいるときに、自分だけ浮き足だっているのもどうなのでしょうか？　逆に、沈んでいる気持ちをちょっとだけ明るくできる仕事を、とも思います。
おしゃれしてお出かけするのは、明るい気持ちと元気が出るので、ぜひ手間をかけてつくられたバッグを持ってお出かけください。

032 いちばん自分らしい刺繍

真ん中に絵を描くように刺繍やアップリケをしたバッグもいいのですが、いちばん自分らしいと思うのは、刺繍でテキスタイル柄を刺し込んでいくのが、刺していて醍醐味を味わえる瞬間です。
生地の上に踊るような花の模様を刺す。こんな柄に刺したいと決めたら、それにマッチする色、質感の糸で、新たな表情を持つテキスタイル柄をつくりはじめます。
刺しなれない糸などは、粗裁ちした布端に、試しのステッチを刺してみます。
バッグに仕立てるとき、縫製時に縫い目の部分で柄が切れてしまわないよう、縫い代の部分まで柄の続きを刺し込みます。
図案は細かいところまで写しません。細かいところまで丁寧に写しても、刺しているうちに消えてしまいます。図案が消えても、自分で絵を描いているように刺していけるのが希望です。
そう刺せたらきっと、ステッチの運びもスムーズになり、自分のテキスタイル柄が刺せてくるのだと思います。

033 布と持ち手はぜいたくに

私のアトリエにこられた方は、布が多いのにちょっと驚かれます。ほんとうは整理整頓を心がけたいのですが、材料をしまったら最後、頭から抜けていってしまいます。できるだけ見えるところに置き、気になったら購入しているので、仕事場を埋め尽くしています。おかげさまで、布を何点かチョイスして、つくるものの流れも、ぱっと決められています。
バッグ用の布には、刺繍用の布は使いません。特殊なスウェーデン刺繍の布は別ですが、インテリア生地、服地など、風合いのよい生地を選んでいます。
黒い生地（page128）は、コンランショップのインテリアの布。風合いがよく、キャンバスワークには布目がひろいやすいので、クロス・ステッチにはとても重宝しています。
デッドストックで買った、バーバリーの布は、控えめなピンストライプが気に入っています。
ときには表布より高価になってしまうのが裏袋の生地。美しい色のシルクだったり、表の雰囲気を壊さないプリントだったり、着物の羽織と同じで、ちらりとしか見えない裏袋にどっきりしたりします。
思い切り楽しんで仕立てあげてほしいと思います。
持ち手はいまはそんなに種類もなく、昭和の手づくり全盛期の本を見ると、すてきな持ち手がそろっていました。
思った持ち手が見つからないときは、自分でつくったり、編んでみたりもします。持ち手は消耗する部分でもありますが、汚れを気にしたり、ダメージを心配して手を抜いたものは、決してつけません。できあがった全体を、さらにレベルアップしてくれるのも、持ち手だと思います。

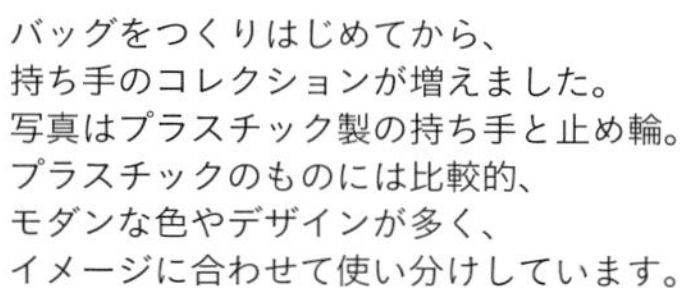

バッグをつくりはじめてから、
持ち手のコレクションが増えました。
写真はプラスチック製の持ち手と止め輪。
プラスチックのものには比較的、
モダンな色やデザインが多く、
イメージに合わせて使い分けしています。

034 接着芯を貼ってかたちよく

接着芯を貼って刺繍をスタートします。
刺繍の基本には接着芯を貼ってとは、どこにも書いてありません。フランス刺繍、日本刺繍も木枠を使い、木枠に布をピンと張り、刺繍を刺します。かろうじてビーズ刺繍の古い本を見ると、ガーゼのような粗めの芯を使っているのを見たことがあります。
私が芯を使うのは、バッグやポーチなどをつくるときが大半です。一冊、刺繍のバッグの本をと仕事をいただき、いろいろ考えました。刺繍のあるトートバッグ、グラニーバッグなどは、芯があまりにしっかりしていると、イメージが違って、持ちたい感じにならないし、逆にハンドバッグはしっかりとかたちがしていないと、よそいきにはならないと思いました。
使用している芯も、本に載せるのであれば、日本の各都市で求められる芯をと、手芸店で調べ、洋裁をされる方に聞き、びっくりするほど高価でなく、適当に買い求めやすい芯を選びました。
長くバッグをつくってくると、芯も廃番になったりと、少しずつ変わってきてはいますが、基本は同じ芯(page143)を使っています。本と同じ芯を使っていちどは仕立てて、慣れたら自分のできあがりのイメージに合った芯を使うのがいいと思います。
刺繍途中では、たこ糸など強い糸で刺していると、どうしてもしわはさけられません。そのときには、まめにスチームアイロンをあてます。アイロン台にパイル地のタオルをしき、接着芯を貼った刺繍の裏面から強めにスチームをかけます。
シルクの風呂敷などのデリケートな布には、芯を貼るとあたりも出るので、軽めのスチームで貼っておき、刺繍を刺し終わったらはがして、刺繍の際でカットして、思いのほか強めのスチームでしわをのばしました。そのとき、はがした裏には接着のりが残っていたりしますので、当て布を忘れずに！

接着芯の使い分け

刺繍をする前に貼る芯：置いたときにかたちをしっかりキープしたいバッグをつくるときや、しっかり強い糸で刺したり、サテン・ステッチやチェーン・ステッチをびっしり刺し込んだり、布が厚めのときには、バイリーンのJF-3というアイロン接着芯を使用しています。リボン刺繍やビーズ刺繍、厚手のフェルト、木枠ではさめない布には同じ芯を使いますが、JF-1芯、JF-2芯と厚さがあり、布の厚みとかたちで使い分けています。薄い生地に刺繍するときは、ストッキングのような薄い布の芯を刺繍の図案の部分だけに貼ってから刺繍し、スモッキングやクロス・ステッチは、刺し終わってから、かたちにより貼り分けています。

刺繍をしてから用いる芯：刺繍をしたあと、補強のために、できあがりより3ミリ控えて、全体に重ねてF芯を貼ることがあります。F芯はシールをはがして貼る厚手の芯で、はがれやすいので、持ち手をつけるときにカシメやハトメでいっしょにとめておくとよいと思います。ポリ芯は底や側面の補強に、ボーンテープ（テープ状のかたい芯）は持ち手の補強に用います。どちらもできあがりよりやや小さめにカットし、ポリ芯はミシンで縫いつけます。

アイロン接着芯の貼り方

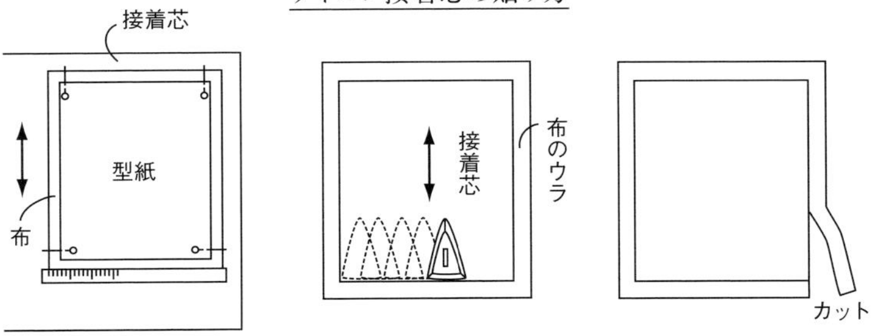

接着芯
型紙
布
接着芯
布のウラ
カット

布はアイロンでしわをのばし粗裁ちしておく。接着芯にできあがりサイズの型紙をのせ、パターン（縫い代分＋アイロンで縮む分を少し加える）を写す。このとき、芯の上に、パターンの中心や角の位置に印をつけておくと分かりやすく、曲がらずに貼れる。布の上に芯をのせ、中温のアイロンをすべらせず、押さえつけながら貼り、熱をさましてから布と芯をいっしょにパターンどおりにカットする。

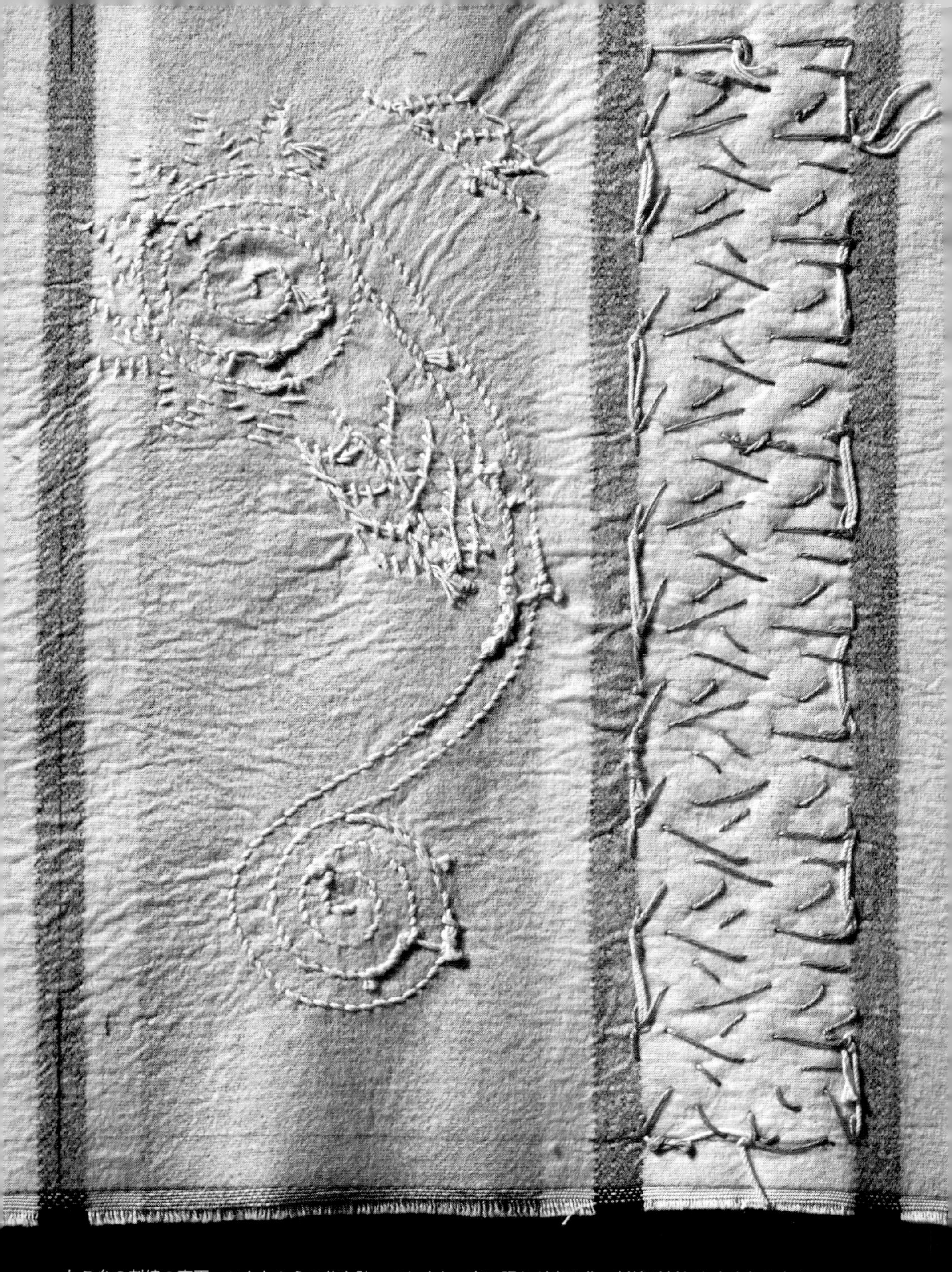

たこ糸の刺繍の裏面。こんなふうに芯を貼っておくと、布に張りが出る分、刺繍が刺しやすくなります。

035 たこ糸は優秀です

白金にあるインテリア生地の専門店、コロニアルチェックには、ひと味違うリネンや、綿の生地が集まっているので、ときどきのぞきに行きます。

インテリア生地はソファーやカーテンをつくるために輸入されているので、タフで丈夫でやや厚めです。そのなかでも、バッグづくりに向いている布で、ベージュ、白、黒の、その大胆なストライプの太い縞を生かし、刺繍をしたく、アトリエの作業台にひろげます。

地色のベージュ部分は綾織り、白い縞はグログラン織りの、かなり丈夫な布なので、ふつうの刺繍糸だと弱いと思いました。

布の持つ骨太感と、太め縞に合う糸は、毛糸の刺繍糸もいいと思いましたが、刺したい柄が、スモッキング(page195)にも出てくる、イギリスの男性が農作業に着ていた厚地の麻地の、スモッキングを刺していない無地の部分に刺してあった柄を参考にして、チェーンとフェザー・ステッチで刺してみて、5号、3号のたこ糸を使ってみたくなりました。

たこ糸はよりが強い分、カリカリした迫力のある線に刺しあがりますが、のびない、硬い、ちょっと刺しにくいと、欠点ばかりかと思うと、意外にうまく刺せていなくても、甘すぎず、素朴な感じがほどよく出ます。

私は逆に、優秀な素材だと思います。

土台の布は目が詰んでいるので、針は太めの針を使っています。

クロバーのシャープポイントという針は、先がとがっているとじ針で、15～20番セットが便利です。

035 たこ糸は優秀です

この針は、たこ糸はもちろんですが、毛糸、リボンなどの糸にも使いやすい針です。
もうひとつ、便利に使っているのは、3センチ四方の薄いゴム。これで抜けづらい針を持って引き抜きます。
事務用の指サックでも代用できますが、東急ハンズでゴムシートを買って、カットしながら使っています。厚みが好きなんだと思います。
刺しあがったら、チェーン・ステッチの両端をつまんで立たせます。横の太くなったチェーン・ステッチが、細く、シャープになります。そのあと、しっかり高温のスチームアイロンを裏からかけます。
この作品は、教室でも人気があり、チャレンジしている生徒さんたちは、ふーふー言いながら針を進め、完成させています。
お疲れさまです、という気持ちになります。
さわやかな季節になると、おけいこに持ってきてくれて、ちょっとうれしくなります。

036 糸には撚りをかけて

「刺繍の刺し目が、どうしてこんなにくっきりしているのですか?」と聞かれることがあります。
いくつかのことを注意しながら刺していきます。
糸を長くせず、60センチくらいで新しい糸に変えること。刺した目ができるだけそろっていることなど。いちばんは、何針か刺したら、針を、糸のよりがかかる方に、くるっとまわして刺していきます。
よりのおちた糸で刺しても、ボリュームが出ず、きりりとした感じを出せません。いちど、よりをかけながら刺してみてください。糸につやが出て、明らかに違いが分かります。
124ページのバッグの刺繍は、大好きな花柄です。20年前に、イタリア製のインテリア生地の端切れをいただき、ごってりした柄をすっきりとさせ、だいぶ刺しやすくなりました。
この柄の花を刺すときは、ノルウェー製のカラフルなウール織り糸、NKヤーンを決まって使います。花びらを3本から5本のストレート・ステッチで埋められ、なんといっても刺しあがりが好きな糸で、よりをかけたらかけた分、仕上がりによさがあらわれます。
逆に、葉を刺しているシルクギマ（擬麻）糸は、細いシルク糸をテープ状にした糸なので、この糸によりをかけてしまうと白い粉がはがれ、糸の形状は台無しになります。
それぞれの糸の持ち味を生かせたとき、喜びを感じます。

毛糸も刺繍糸もより糸にはよりをかけながら刺しますが
かかりすぎたときには針ごと持ちあげて布をまわし、もとの状態にもどしています。

左が大好きな花柄図案の直筆で
これを見ながら、
刺すときに模様を省いたり、
加えたりしています。
→page124

037 クロスでつくるテキスタイル柄

通常クロス・ステッチは、布地が見えなくなるように刺し込みますが、このバッグは、ベルギーのインテリア用麻布に、布の風合いをそのままに、柄のみクロス・ステッチを刺しました。
よく見ると、クロスの目が少々縦長になっています。材料の布はところどころ織りの節もありますが、それも素朴さと思います。
もともとこの柄は、刺繍が盛んな東欧ハンガリーに伝わる伝統的クロス・ステッチの図案をアレンジしてつくったものです。どちらかというとボヘミアンで素朴な柄でした。布に素朴さがあるので、少し洗練されたデザインにしたいと思いました。
クロス・ステッチの縄編み柄が、山形に並ぶボーダー柄でしたが、縄編みが続く格子柄にして、遠目に見ていると、レースのような繊細さも見え、きれいなステッチだと思いました。
糸はDMCセベリア10番レース糸で刺します。クロスした部分がかなり高く重なり、立体感が出ます。
大きな格子のあいだには、丸いアップリケを縫いとめ、周囲を貝のスパングルで飾ります。
ステッチの大きな格子にまったく違う要素を入れることで、伝統がモダンに変わったと思いました。
この図案を刺すときの手順は、布をパターンより大きめに粗裁ちします。できあがりラインと、中心、ダーツにしつけ糸でガイドしておきます。模様をバッグ中心の上から１段ずつ斜めに刺していきます（ハトメを打つので、穴位置に貝スパングルの柄がないようにするためです)。
バッグに仕上げたとき、縫い目の表側でステッチが終わったりしないよう、縫い代までステッチを刺しておきます。１枚の布でつくった感じが出て、効果的だと思います。

how to stitch & bag → page154-156

クロス・バッグ →page137

MATERIALS

表布　黒のリネン(18カウント 7目／cm)　110cm×90cm
裏布　赤のグログラン　110cm×90cm
アップリケ用布　ベージュのリネン　52cm×19cm
貝スパングル　径9mmを13個、径5mmを104個、径4mmを312個
DMCセベリア10番レース糸ecru　クロス・ステッチ用
DMCセベリア30番レース糸ecru　アップリケ用
接着芯(中厚)　84cm×161cm
ポリ芯　7cm×34cm
ストッパー付き手芸用金属ポール(径2mm)　長さ30cm
シルバーのハトメ(径5mm)　44個
黒のラウンド形ビーズボール(径1.5cm×長さ2cm)　16個
持ち手(幅16cm)　1組

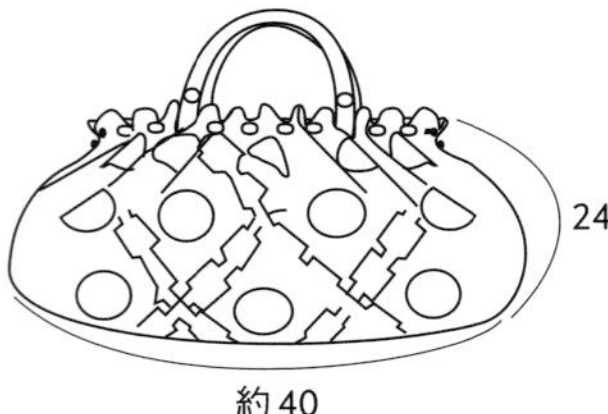

NEEDLES

クロス・ステッチ針20号、フランス刺繍針7号、8号

HOW TO

◎布を粗裁ちし、できあがりライン、中心、ダーツをしつけ糸でガイドする。
◎接着芯をできあがりサイズ＋縫い代分と縮み分を加えてカットしておく。

■本体前・後ろにクロスst。
→バッグ口中心で模様を合わせ、上からステッチ。
→縫い代の真ん中くらいまで刺し、ダーツの位置には刺し込まない。
→裏に接着芯を貼り、型紙をあて、縫い代1cmでカット。
→底・マチも芯を貼り、縫い代1cmでカット。
■リネン布で丸のアップリケをし、貝スパングルを縫いつける。
■本体と底・マチを中表に縫う。
→最初にダーツを縫って、たおしておく。
→まち針の位置で合わせ、あきどまりまで縫う。
■裏袋も裏に接着芯を貼り、同様に仕立てる。
→底にポリ芯をつけ、本体と合わせてあきどまりから袋口を続けて縫う。
→表に返して返し口をとじる。
■バッグ口に穴をあけ、ハトメをとめる。
→ポールを穴→ビーズ→穴の順に通しながらギャザーを寄せる。
→ポールに持ち手をつける。

図案

中心

1 10 20 30 40 50

1 10 20 30 40 50 55

中心

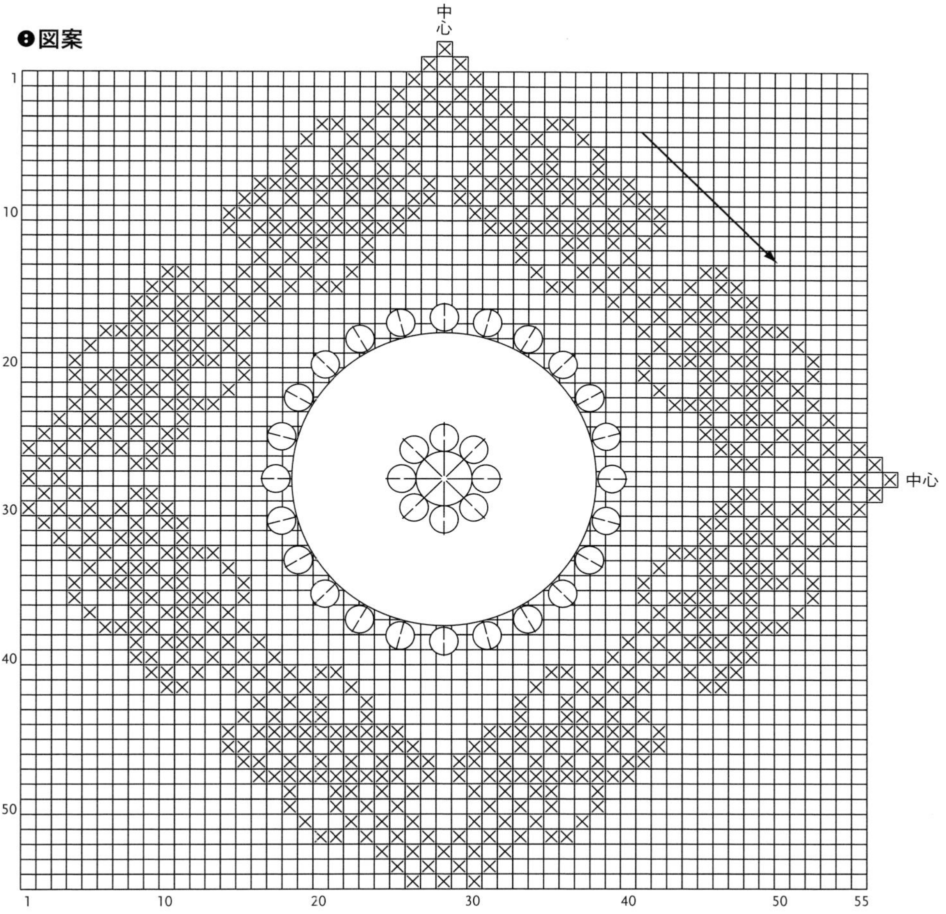

1マス＝2目×2目（7目/cm）

裁断図　すべて縫い代1cm

本体（前側面）
表布・裏布各1枚　接着芯2枚

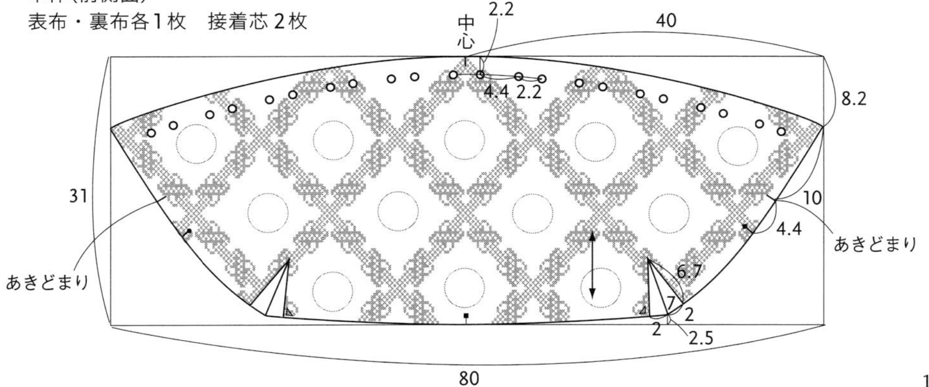

❸裁断図 すべて縫い代1cm

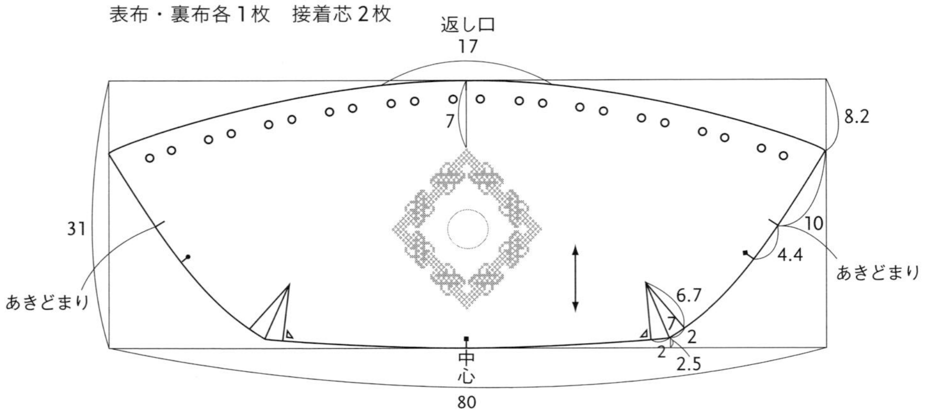

底・マチ
表布・裏布各1枚　接着芯2枚

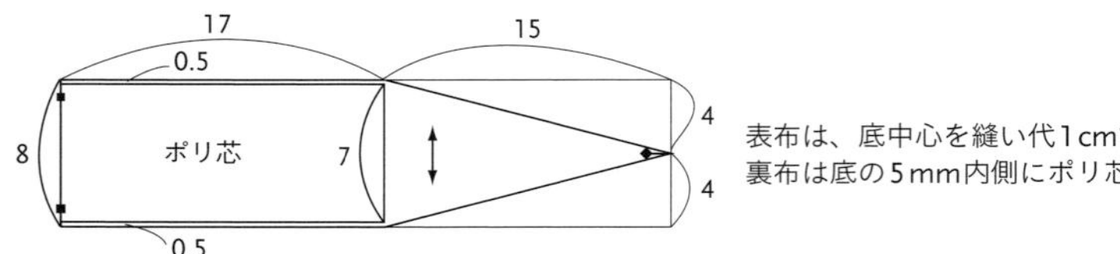

表布は、底中心を縫い代1cmではぎ、
裏布は底の5mm内側にポリ芯をつける

❹アップリケの仕方

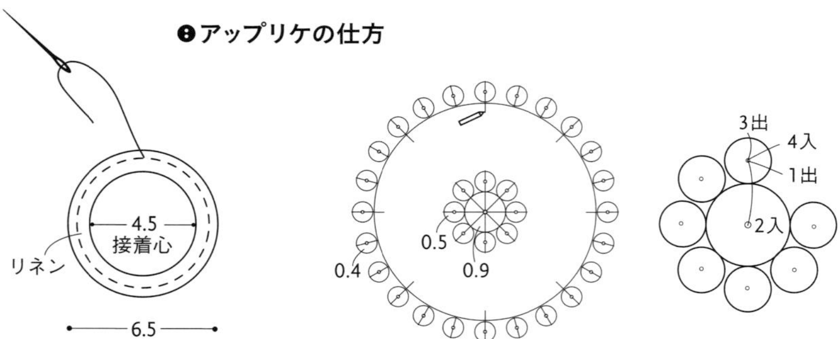

リネンを縫い代1cmつけてカット。
できあがりサイズの接着芯を貼り、
ぐし縫いして縮める。
これを13個つくる。

クロスstの格子柄の中心にまつり縫いで縫いつける。
スパングルは手芸用ボンドで仮づけしておき、
図の針運びで縫いつける。
外側のスパングルは
アップリケ布にチャコペン（消えるもの）で
印をしてから刺すと刺しやすい。

038 チェーンだけの刺繍

手芸でいちばん思うようにできなかったのが、刺繍でした。
刺繍を習うために文化服装学院に入学しましたが、そんなすぐにうまくなるわけはなく、最初の1年は基礎刺しの提出に追われる日々を送っていました。きっと、文化に行ったら将来の道は開けるくらいの、あさはかな年齢でした。
“一つ目小僧”という洋服メーカーに勤め、ニットに刺繍をしてみたら、なかなかかわいらしくでき、だんだん楽しくなってきました。苦しかった基礎刺しをやっておいてよかったと思いました。
吉祥寺に教室を開いてからは、刺繍がどんどん上達して、楽しくなってきました。
123ページのバッグは、世界のテキスタイルを集めた本を見て、ひと目で気に入った図案です。これをバッグにしたいと、バッグの型紙のなかに、自分が刺してみたい茎、花、葉を、整理して図案を描きました。
カーブの多い図案なので、チェーン・ステッチだけで刺してみたいと思いました。チェーン・ステッチだけの刺繍をするのははじめてで、持ち手はこれを使いたいと決めていたので、土台の布は厚地のシルクサテンにしました。
布の表はサテン地なので、かなり光っています。かなり苦手な光なので、裏を使用しました。
刺繍糸は白、生成り、ベージュの濃淡で、DMCセベリア30番レース糸で、よりをかけながら刺します。
針目は、最初から極小の目だったのではなく、丸い葉先、実の丸さ、花弁の先っこのきついカーブは、目が大きいとカクカクしてしまいます。それを防ぐため、細かい目に刺していたら、全体の目がだんだん小さくなってしまいました。

→page123

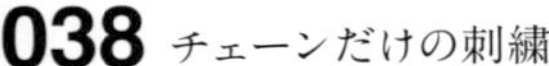

038 チェーンだけの刺繍

刺していくうちに、少しずつ、布に縮みが出てきます。チェーン・ステッチだけの作品はとくに、ひとつの柄のグループを刺し終わるつど、スチームアイロンでしっかり縮みをのばします。そこで縮みをのばしておかないと、二度と縮みがとれなくなることもあります。

パイル地のタオルをアイロン台の上におき、刺繍の表面をタオルにのせ、裏面から中温の強めのスチームで、体重をかけてしっかりのばします。アイロンの温度は素材により、アイロンの説明書の記載に添ってください。

葉のなかも、チェーン・ステッチで埋めるとき、すっきりとした柄に仕上げるには、写した図案の線の内側を刺します。

たとえば黒ねこを、写した線の外側で刺してみると、かなり太ったねこになりますし、内側を刺すと、すっきりスタイルのねこになります。ねこの場合は、お好みで刺してください。

布と糸と針は、どの刺繍でも同じことですが、布に糸がすっと通る穴をあけてあげるのが針、糸のつやがなくなったり、けばだったりしないよう、糸の長さも長すぎず、布にひっかかったら、1号、針を太くしてください。

チェーン・ステッチが決まったら、ほんとうに美しい刺繍ができあがります。

少しの分量のチェーン・ステッチからトライしてみてください。

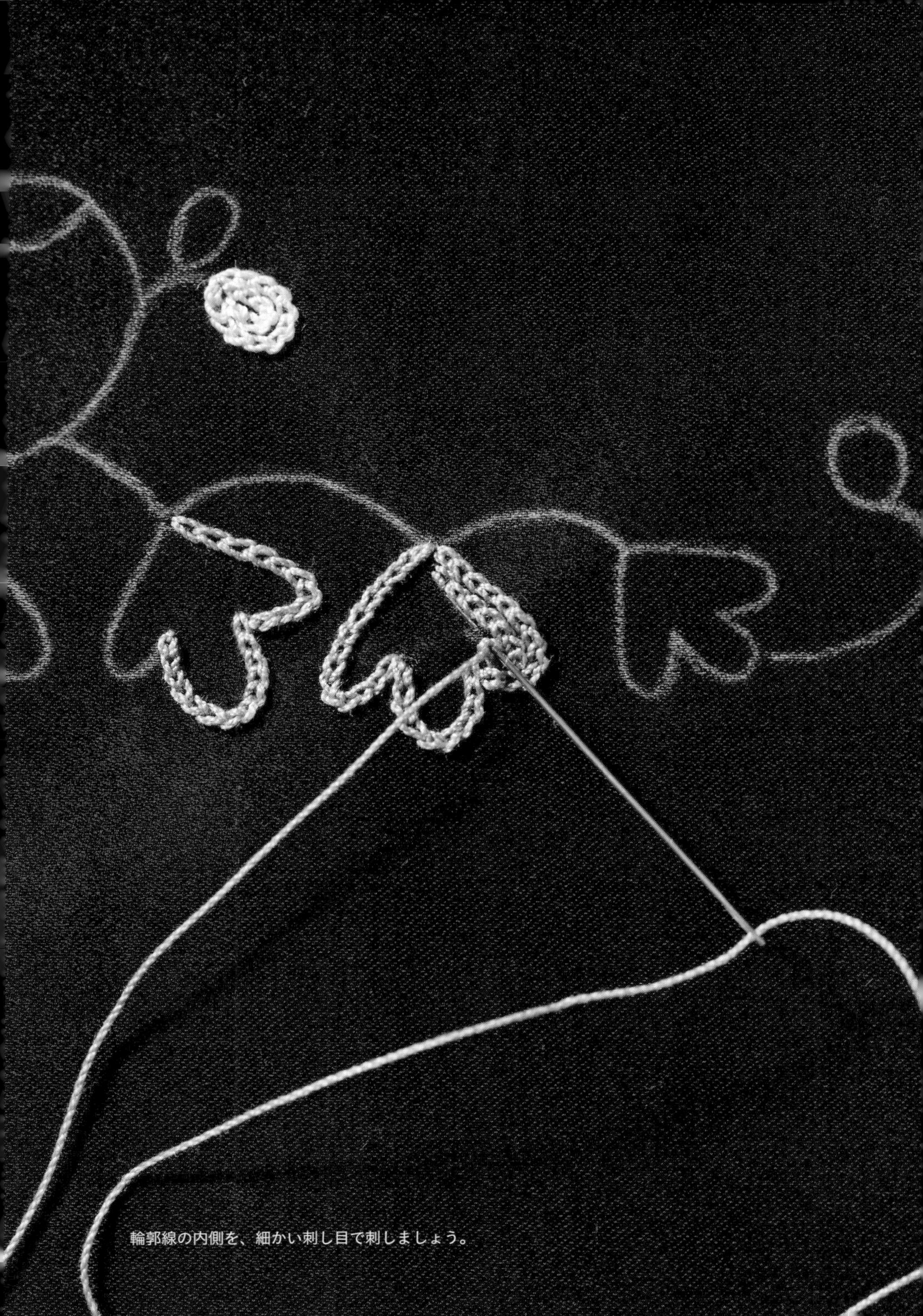

輪郭線の内側を、細かい刺し目で刺しましょう。

039 つばめは目が決め手

つばめが飛んでいるのを見ると、季節を感じワクワクします。空中をくるりとまわる、つばめの姿が好きです。仕事場の入り口につばめが巣をつくりはじめ、「つばめが巣をつくるなんて縁起がいい」と喜んでいたのもつかの間、管理会社が取り外してしまい、赤ちゃんつばめたちの黄色いくちばしを見られず残念でした。
つばめの柄はぽち袋の本や、日本の文様集によく見かけます。着付けを習っていたときに、日本の織り布と染め布のことも少し勉強しました。全国の布を持っているはずもなく、着物好きの叔母や友だちに頼んで端布を分けてもらいました。そのなかに、麻の涼しげな布に、つばめが染めてある布が入っていました。
今回のつばめ柄はその布のつばめを参考に図案をおこしました。涼しげな感じをそこないたくないので、ラフィアでつばめを刺してみました。刺し重くならないよう、土台をアップリケにしてみました。二股に分かれた燕尾服のような尾、流線型の羽、ザクザクとラフィアで刺していきます。その工程は楽しく気持ちいい時間です。「目」が命だと思うので、最後の最後に目を入れます。
小さく刺したつばめにはノット・ステッチを使いますが、まっすぐな刺し目のストレート・ステッチで刺すことにしました。ストレート・ステッチ１本ではなかなか決まらないので、何回か刺し込むこともあります。
刺し直しがあまりできないので、慎重に緊張して刺したいです。

つばめの目を隠してみてください。どんなふうに見えますか?

040 苦手を克服するために

ノット・ステッチはうまくできないとよく聞きます。
私は、円、線も進行方向を決め、できるだけ同じ条件で連続刺しするようにしています。
糸を出すのは、方向は関係ありませんが、針をもどすときには、右脇と決めたらずっと右脇に刺しもどします。もうひとつは、針に巻いた糸を一定の力で引き締めるのが、ノットの大きさを決める、ふたつ目のポイントかと思います。
私がさらに苦手としているのが、ロングアームド・フレンチ・ノット・ステッチで、いつもきれいに刺せません。ロングにする足の部分の糸が必ずゆるんでしまいます。
このステッチを何度か刺してみて、放射状に刺してから、ノットの部分を別々に刺した方がストレスがないと思いました。
“インチキ刺し”ですが、ノットとロングストレートを別々の色に変えることができるのも気に入っています。
この方法で刺した花や、丸モチーフは、数多く本で使って、大活躍したモチーフです。
教室に入ったばかりの方のノット・ステッチを見ていると、裏面の最後に縫い糸をとめる作業を、ノット・ステッチと勘違いされている方も多くいます。
ノット・ステッチは花芯に刺したり、面を埋めたり、ほんとうにかわいらしいステッチと思います。
苦手を克服して、楽しく刺せますように!

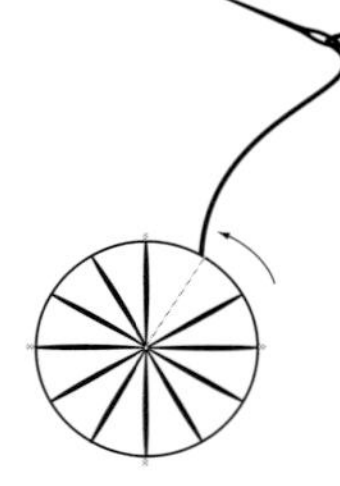

円定規で円を描き、十字の箇所に印をつけます。印を目安に等分割しながらストレートst(最初は中心から針を出し、つぎからは外からなかに出し入れする)。ぜんぶ刺せたら、ステッチの頭にノットst、布を回しながらリズムで刺しましょう。

メディシス・ウール

綿テープ

麻糸

花糸

綿ギマ

コットンアブローダー

シルクギマ

たこ糸2号

041 大人Bagの刺繍

70年代初頭に出た『an·an』は、知らなかったことをたくさん教えてくれました。パリ、ローマ、ロンドン、古いものを週末売るマーケットをパリでは蚤の市といい、いちばん大きな市はクリニャンクール、ここは行ったら常設でした。
外国のことばかりではなく、萩、津和野、京都、金沢、日本のすてきなところもたくさん知りました。
印象に残っている記事で、パリの女の人は、40歳を過ぎてやっと一人前の女性と書いてあり、50年代に若くてピチピチしてシネマに登場していた女優たちも、70年代にはしっとり落ち着いた、生きて身につけた自信がみなぎり、ファッションも奇をてらうこともなく、仕立てのよい、上質な素材を身につけていました。
そんなプライベートの写真もときどき見て、40歳を越え一人前だと実感しました。
大人の女性の装いを見て、手に入るものでもないけれど、あこがれはありました。
122ページのバッグは、自分でもさりげなく持ってみたいバッグだと思い、パリの大人の女性に少しでも近づけるかと思いました。
紺色のウール生地に、DMC セベリア30番レース糸 ecru で刺しています。少し刺しにくいのですが、ふつうの糸には出ない立体感と、カリカリとした感じがいい味を出していると思います。
チェーン・ステッチと、フレンチ・ノット・ステッチの2種類。
また図案が、刺していない楕円を浮きあがらせる刺繍なので、ぜひ同じ布に、試し刺しをしてみてください。
短いチェーンと長いチェーンでは、刺し目が変わってきます。

041 大人Bagの刺繍

フレンチ・ノットも、短いところと長いところでは、ノットの数が違うのと、その人により、糸の引き方でノットの大きさも異なりますので、まず練習を。
慣れてくると自然と目の大きさも整い、あきらめずに刺し終わるころには、きりっと刺し終わると思います。
着物に持ち、よそいきにも持てるよう、仕立てにもひと頑張りしてみてください。

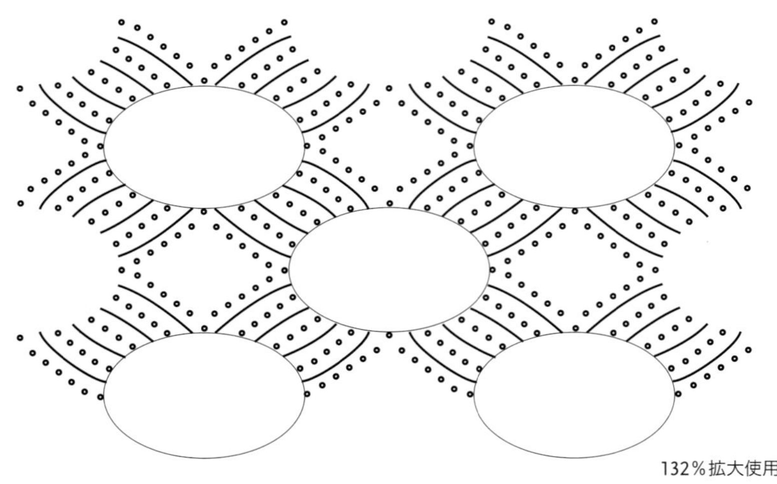

132%拡大使用

チェーンとノットのスタートとフィニッシュの位置が
ぴたりとそろうと、楕円を楕円に見せることができます。
ノットの位置まで書く必要はありません。
楕円とチェーンのラインを印し、ノットstは2回巻きで。
バッグ(page122)の刺繍は、図案を縦向きに配置して刺します。
DMCセベリア30番レース糸1本どり

042 蛇腹テープでコーチング

生成りのごわごわした布に、ミシンのチェーン・ステッチ刺繍、大きな葉っぱを刺し込んだ、インド製のインテリア布でした。
ミシン刺繍で、糸を切らずに柄を刺しているとしたら、一筆書きのように図案を描いているので、参考に使えると思い、50センチ購入しました。
この布を見つけたのは、いまはなくなってしまい残念な、コットンフィールドのインテリア布売り場でした。アトリエから近いので、裏に使うシルクや、自分の夏服の布など、いろいろいい布に巡り会えたお店です。
この柄をバッグにするのに、花や実を足し、刺繍の色を使いたくなかったので、柄をたくさん入れ、ごってりさせました。仕立てあがったのが、169ページの刺繍バッグです。
織り目の粗いウールのツイードに、セーラー服の衿に使う蛇腹テープを、DMCセベリア30番レース糸のコーチング・ステッチでとめていきます。
コーチング·ステッチは、スタートとフィニッシュのところでは、目打ちで穴をあけ、裏に蛇腹テープの端を処理しますが、表では、布の上にのせたテープを、細い糸でとめていくだけです。
極端にいったら、もっと太いテープやロープでも使用できます。
ただ、なぜ蛇腹テープをコーチング・ステッチに使おうと思ったかは、カーブがきれいに出ること。花びらの先は丸く、花芯の谷の部分ではシャープにテープを折り返し、柄を思うように繊細につくっていけることです。
生成りの蛇腹テープは、ウールのツイードにぜんぜん負けない強さがあり、レースのような繊細さも出て、トレンチコートにも持てるカジュアルな感じになり、気に入っています。

042 蛇腹テープでコーチング

フランス刺繍や日本刺繍でもこの手法は見ますが、柄全体がコーチング·ステッチで表現されたものはまだ見たことがありません。子供のころ、近所の手芸屋さんの奥さんは、山道テープのことを蛇腹テープと言っていて、20年くらいは私もそう思い込み、勘違いしていたみたいです。ファッション事典を調べたら、蛇腹テープの項目に両方が出ていました。ご注意ください。

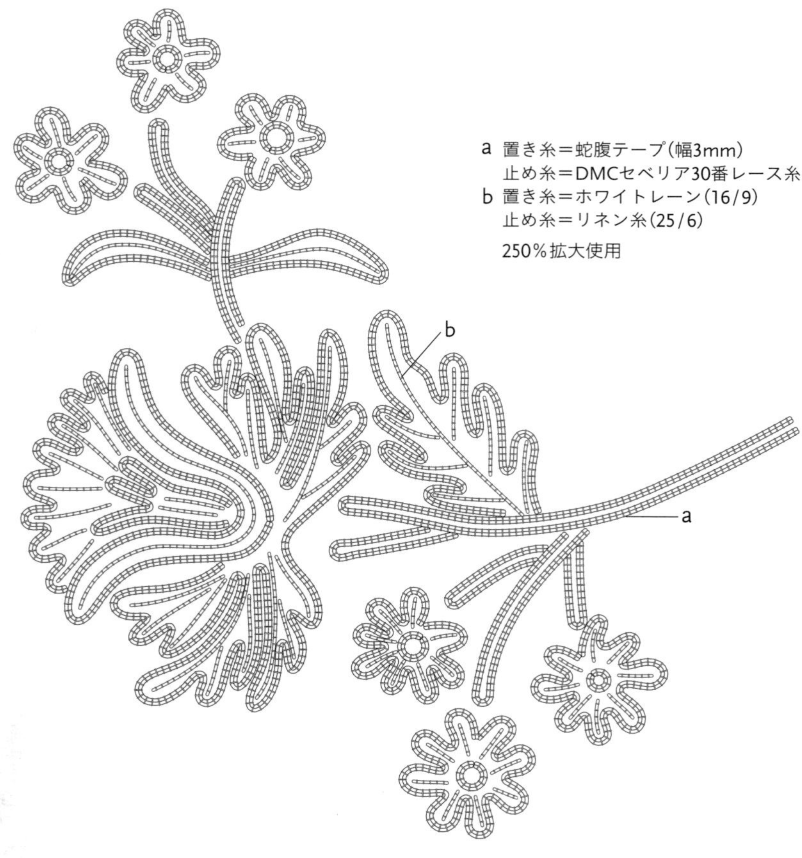

043 アクセサリーとしてのバッグ

50'sのアメリカン・グラフティの映画ファッションを見ると、女の子はギャザースカートとブラウスに、袖を通さずに薄手のカーディガンをはおって踊っていました。そのころに、香港製のビーズ刺繍の薄手カーディガンがたくさん出回っていたようです。たぶんデザインはアメリカでされ、香港か中国で生産していたようです。
私が30年くらい前に古着で買い求めたビーズのカーディガンは、シルバーの竹ビーズで、南洋の葉が前身ごろに左右3枚ずつ刺してあり、かっこいいテキスタイルのカーディガンでした。
よく着ていたので、よく街のなかでバラバラ、ビーズを落として歩いていました。
オートクチュールのドレスのようにキラキラとしたビーズやスパングルは、華やかすぎて一歩下がる感じですが、ちょっとだけきらっと光るのは好きです。
Tシャツにジーンズのカジュアルな格好で、131ページのビーズバッグをコーディネイトしてもらえるとうれしく思います。
ビーズ刺繍によく使われる丸小ビーズは、ころりと丸く、かわいさが魅力。織りものに使われるデリカビーズは、びっしり刺して面を埋めるのに向いています。丸くない分、シャープさが出ます。どちらもバック・ステッチで刺しますが、コーチング・ステッチを使うこともあります。
ビーズが同じ方向を向くようにそろえるのが、きれいな仕上がりのこつなので、バック・ステッチでとまったビーズにもういちど糸を通して、横を向いたビーズを一気に整列させます。糸は縮みが出ない程度に引き気味に。

043 アクセサリーとしてのバッグ

バッグの布は、たまたま手に入ったバーバリーのサマーウールを使用。控えめに細く入ったペンシル・ストライプが、少しだけカジュアルな雰囲気に。マットなウール布と光るビーズの組み合わせで、大人の女性にも持ってもらえそうなバッグになりました。

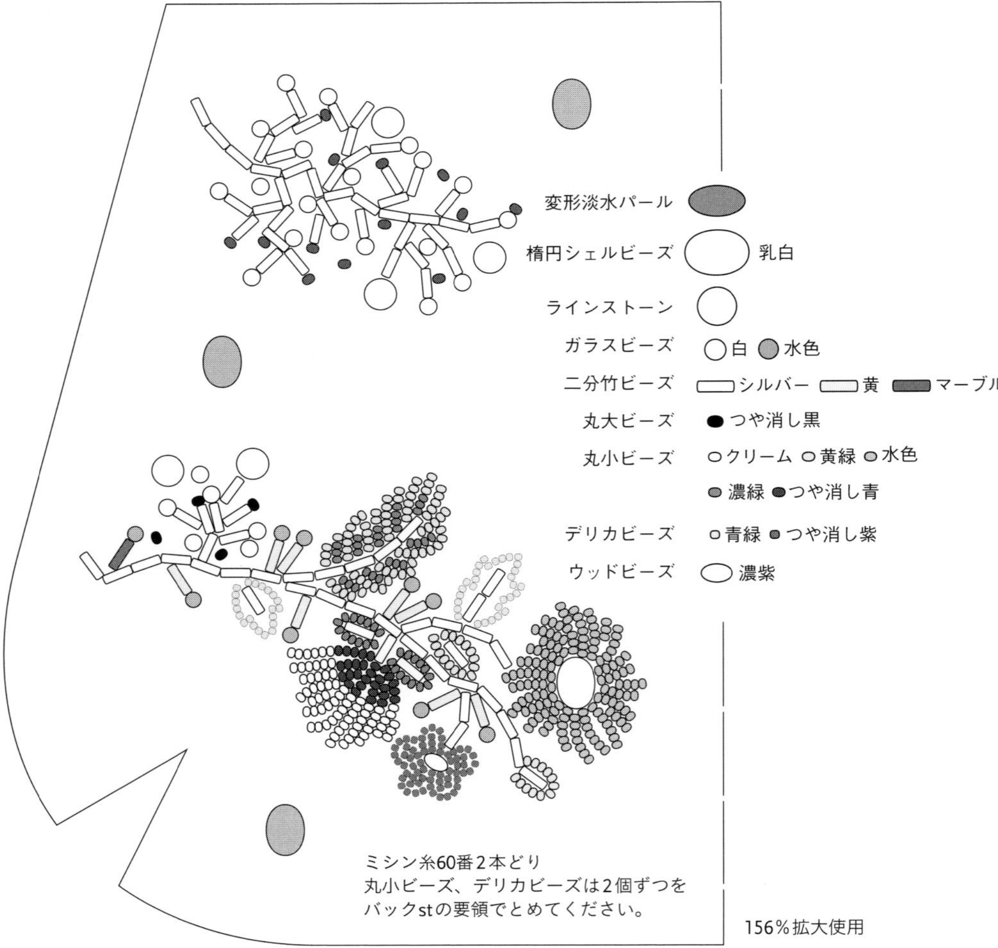

044 両面接着芯でアップリケ

アップリケ、なつかしい技法が好きで、よくデザインに用います。葉、果物、食器、ねこ、金魚、丸や楕円の幾何学模様をアップリケします。
大きな面積をひたすら埋めていくステッチは、布も少なからず、刺し込みによって縮みが出て、さらにその上にステッチを刺したら厚みが出て、ポテポテになってしまいます。そんなできあがりを想像すると、やはり気持ちよくステッチが刺せる、アップリケを選びます。
素材と素材が重なると、思いがけずすてきな世界につながります。ウールに麻、綿にビロード、チェックにオーガンジー、縞に水玉、まったく違った素材を自由に組み合わせる面白さが、アップリケの魅力と思います。
両面接着芯に出合わなかったら、ここまでデザインは広がらなかったと思います。
最初はアメリカ50'sのインテリア本に載っていたカーテン生地。板壁に棚板がプリントされ、棚に一輪の花を生けた花びん、カップ&ソーサーなどがプリントされた布でした。
私も、トートバッグの一面に壁面のデザインを考え、夢中でアップリケや刺繍をしていました。

両面接着芯の使い方→page176-177

045 刺繡でつくる貫入

宮脇綾子さんは家のなかにある野菜や魚、庭に咲いた花を身近な布でアップリケされ、その力強い作品が大好きです。高村智恵子さんは、療養中にお見舞いの包装紙を切り、大輪の花、朝ごはんの皿の魚、見舞いの果物を作品にして残されました。紙絵でこんなに！　女性らしい繊細な表現に驚かされ、はじめて見たときはドキドキしました。
学ぶところが多い、すばらしいふたりの女性です。
アップリケの上に刺繡をし、表情を出すのが好きで、花瓶やポットにひび割れ模様をよく刺し込んでいます。
子供のころに父が使っていた茶碗にひびが入っていて、お茶がもれていないのがちょっと不思議な感じがしていました。大人になって、中国、韓国の陶磁器の、すばらしい器の本を見たら、そのひび割れは“貫入”ということが分かり、父の茶碗は素敵な器をコピーしたものかと思いました。
子供には魅力的には見えなかったと思いますが、何か気になっていたんだと思います。
何点か、貫入、水玉、北欧模様をアップリケの上に刺していますが、花瓶やポットに刺繡をしていると、食器のデザインをしている気分になりますし、刺しあがると、生き生きとした表情を見せてくれ、ウキウキします。

ツイード地のポットの上に、麻糸のストレートstで刺しています。

両面接着芯の使い方

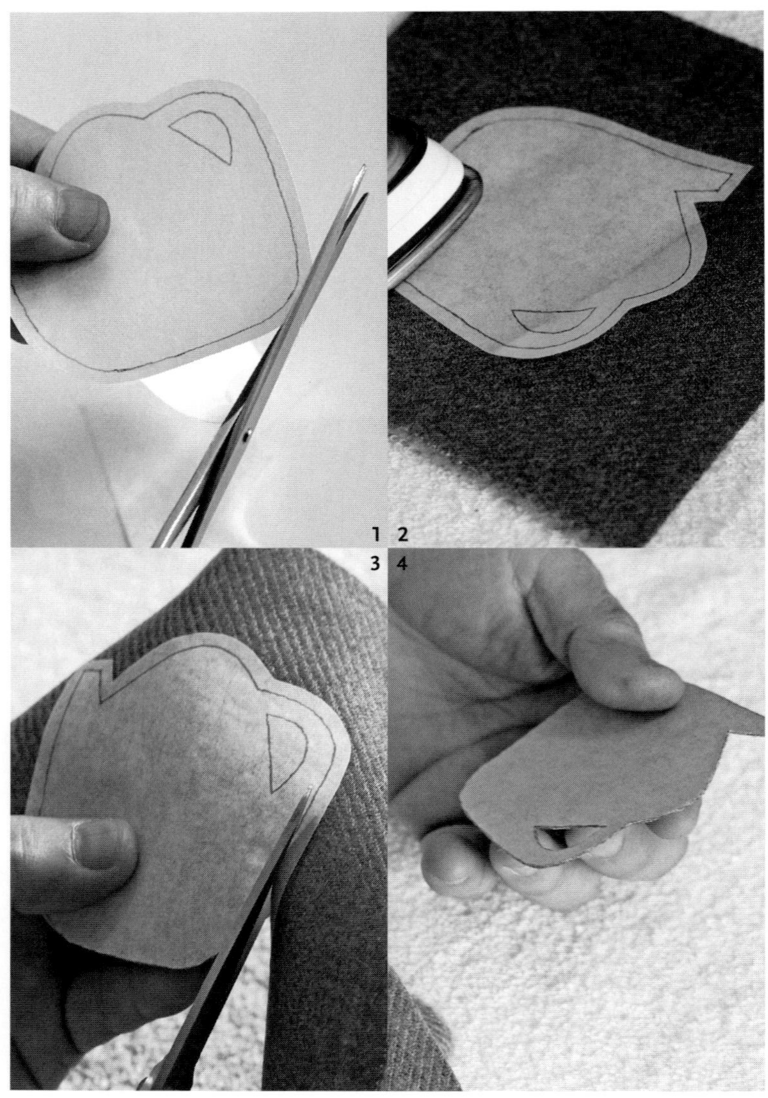

1 2
3 4

別紙に図案を写し、両面接着芯の上に裏返してのせ、反転させた図案を書き写しておく。
1 両面接着芯を図案線より0.5cm大きめにカット（これで接着のりが布端までついてはがれにくい）。**2** アップリケ用布の裏面にのせ、アイロンで押さえながら貼る。**3**、**4** 熱をさましてから図案通りの大きさにカット。

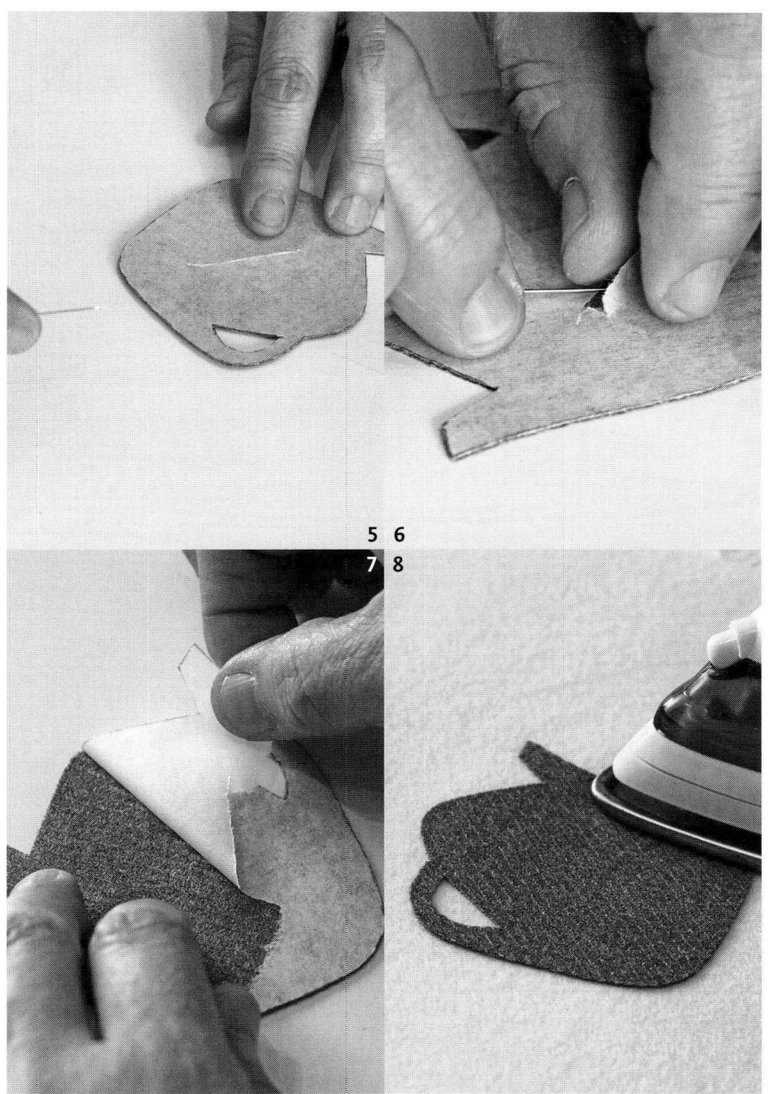

5 両面接着芯の中央にまち針の先で切れ目を入れる。**6**、**7** 切れ目から外側に向かい、剥離紙を丁寧にはがす（外側からはがすと布端がいたみやすい）。**8** きれいにはがしたら土台布の上に表に返してのせ、アイロン（温度は布の風合いで調整）で貼りつける。

046 一筆書き刺繍

何年か前に『きものバッグがほしい』(文化出版局)という本のデザインを考えるのに、琳派の画集や、日本文様集など入手したなかに、『唐長の「京からかみ」文様』(紫紅社文庫)がありました。1200円の文庫本のなかに、こんなにすてきな文様がたくさん、私のおたからになりました。そのなかの、蔓の文様から、部分を使って線でデザインしてみました。

たこ糸3号でチェーン・ステッチ、くるくる一筆書きで刺します。黒い糸でランニング・ステッチを入れたら、さらに生き生きとしたラインになりました。偶然、生成りのたこ糸をきりっとしたくて、黒の糸で刺してみましたが、いろいろな場面で使えると思いました。

チェーン・ステッチにランニング・ステッチ、ブランケット・ステッチにフレンチ・ノット・ステッチと、2種類のステッチを組み合わせると、思いがけない表情を見せてくれます。

最後に、アクセントにつけた2ミリ厚のフェルトを、たこ糸のストレート・ステッチでとめます。中心に目打ちで穴をあけておき、たこ糸が重ならないように刺します。3つの黒い丸で図案にリズムが生まれます。

シンプルな引き算刺繍、幾何学模様なのに、どこかユーモラスな模様に刺しあがりました。さらに1本線を増やして、新たな柄を刺してみてください。

047 フェルトなら気楽です

なつかしい気持ちになるフェルトのアップリケ、カットした部分もそのままでOKですから、気楽です。
フェルトを全体にアップリケしたこのバッグは、模様を写した両面接着芯といっしょに、フェルトをカットしてつくります。
切ったらやり直しがきかないからと、慎重になりすぎる必要はないです。写した図案より、線の内側をカットし、茎、花、葉、実それぞれを、メリハリをつけ、きりっとカットできるといいと思います。もしも失敗して切りおとしても、ミシンでついであげれば大丈夫です。少しくらい間違っても分かりませんし、このバッグのフェルトは全面しっかり縫いとまっていませんので、できあがってからもカットできます。
きれいにカットするには、布と紙をいっしょに切る、それ専用のはさみを持つこと。図案をカットして、布用消えるペンで写し、フェルトだけカットするのは布用専用ばさみを。私が使っているのはスウェーデンのミシンメーカー、ハスクバーナーの、小ぶりの布用はさみです。使いやすいので大切にしています。
フェルトを切るときには、布に対して直角にはさみを入れます。これはちょっと練習をするとすぐに慣れると思いますが、カーブの線のカット面が斜めになりやすいので、もういちど、斜め部分を切りおとします。そのくらい気楽な気持ちで、力が入りすぎると、肩がバリバリになってしまいます。
手抜きで丸い穴をあけたり、丸モチーフをつくるとき、ハトメの穴あけを使ったりすることもありますが、はさみで切った丸や穴は、カクカクしてもまた、フェルトのかわいらしさかと思います。

196％拡大使用

バッグ口
底

048 和ごころを楽しむ刺繍

お菓子、お祝いの赤飯、七五三の記念写真をお届けするときに、我が家には大中小、何枚かの風呂敷がありました。紙袋に入れて持っていくのではなく、風呂敷に包んで差し出す奥ゆかしさが、私の子供時代の日本にはありました。いまでも着物や大きな器を運ぶときには、浅草の帯源で求めた縞、格子の綿大風呂敷を使っています。あらたまったときの風呂敷は絹ちりめんの無地を使います。
プライベートで着物を楽しむときには、ぜひとも自分のマークのようなお印模様をひとつ決めて、刺繍・アップリケなどで風呂敷の端にあしらったらと思っていますが、どんなマークにするかいまだ決まらずにいます。
この風呂敷(page134-135)は、浅草橋で見つけたアジアのシルクに、表は菊の花、裏は道中、荷物を守ってくれる九曜の模様です。金茶の菊は今回は風呂敷にしましたが、大きな図案なので、帯模様にしても、バッグに仕立ててもすてきだと思います。
このような図柄を手もちのぽち袋、千代紙、日本の伝統図案集などの本をひろげて使えるものを探す、そんな時間が楽しくて大好きな時間です。だいたいはそのまま刺繍の図案にはならなくて、余計な線を省いたり、線を書き足していくうちに、だんだん自分の図案になっていきます。
リボン刺繍の図案は、リボンの幅があるので、とくに図案は単純な方が刺しやすいと思います。

菊の手描き図案とその刺し方

a ケーブルst（DMCコットンパール8番刺繍糸No640グレー）
b アウトラインst（DMCコットンパール8番刺繍糸No640グレー）
c ストレートst（シルクリボンの緑）
d アウトラインst（□は絽刺し糸の黄、■は絽刺し糸の山ぶき、以外はシルクリボンの黄）
e 1回巻きのフレンチ・ノットst（絽刺し糸の生成り）

すべて1本どり。シルクリボンは2mm幅を使いました。
花びらは重なりの多いアウトラインstで刺してください。

049 風呂敷のリボン刺繍

大正・昭和の初めのころの女性たちがビロードのショールを肩にかけ、手づくりした袋をさげています。洋風な人はMOGAと呼ばれ、和風な人もたくさんいて、同じように肩にかけたショールや手にさげた袋物にリボン刺繍がされているのを白黒写真のなかで見かけていました。
母は娘のころには持っていたかもしれませんが、私が子供のときには日本刺繍のものは残してありましたけど、やはりビロードのものはダメージが大きく、処分してしまったのでしょうか。その後は小倉ゆき子先生の本で、最後のページのアンティークの和・洋リボン刺繍のコレクションをカラーで見て、きれいな刺繍だと思いました。
この本で、風呂敷に菊の花をリボンで刺すことになり、図案はかなり整理しておかないと失敗するなと思い、少し緊張しました。
風呂敷に刺繍を入れるときには、裏が見えないように二重にします。今回はシルクの布がかなり薄いので、全体を二重にしました。
花びらの刺し込みが多くなるので裏に芯を貼り、茎、葉の順番で刺していきます。少し緊張して花びらを刺していきます。リボンだけだと境目が分かりづらくなりそうなので、絽刺しの糸を2色入れ、立体感を出しました。
細かい図案なのでチャコペーパーの線は消えてしまいますが、そのつどチャコペンで書き足して刺していきます。刺繍が終わったら、貼ってある芯にアイロンをあて、刺繍の際まではがし、際のところで芯をカットします。
できあがったら、裏から蒸気アイロンをかけ仕上げます。

リボン刺繍は昔から、色と質感をたくさんの人が楽しんできた刺繍です。小倉ゆき子先生は第一人者の方で、私も先生の本でテクニックを勉強しました。先生におしかりを受けるかもしれませんが、今回の菊の花はリボンを引き気味で刺しています。風呂敷というかなり実用を重視したものなので、仕上げのアイロンでかなりつぶしています。

刺繍風呂敷のつくり方

布を二重にしてリバーシブルに仕立てます

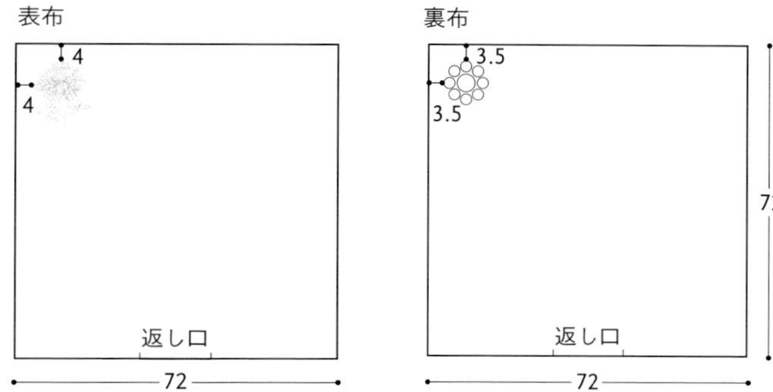

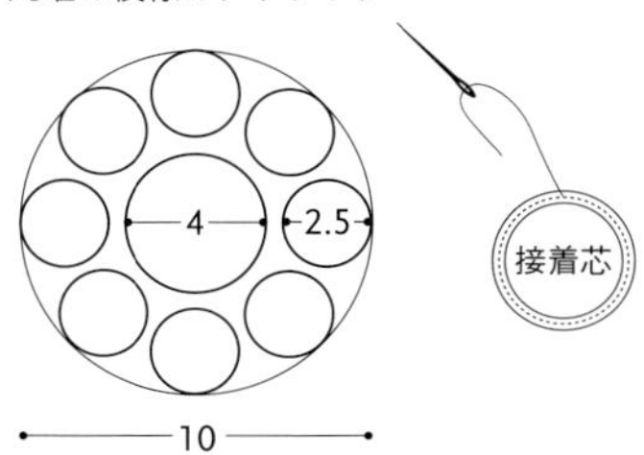

表布は黒、裏布は黄のともにシルク地。両布に刺繍をし、中表に合わせて割り縫いし、表に返して返し口をまつり縫いでとじます。
九曜の模様はグレーのシルク地。大小とも縫い代1cmをつけて裁ち、薄手芯を貼り、まわりをぐし縫いして縫い代を縫い縮め、これを10cm円内におさまるようアップリケします。

050 リックラックflower

リックラックテープ（山道テープ）をかわいいと思ったのは小学生のとき、夏の林間学校に着ていくワンピースにリックラックテープが使われていました。ずっと忘れていた素材でしたが、仕事をはじめたころ、海外のマーケットに行くと古い手芸材料が売られ、リックラックや、工業機械で織られたテープを何種類か購入していました。そのときにはどう使うのか分からないまま、ずっと時間は過ぎていきました。
アメリカのデパートが出していた通販のカタログに、そのテープが載っていました。だんだんテープの用途が分かってきたころ、サンプラー（page81）を購入しました。買うときには高い値段がついていたのと、手がそんなによくないので、ちょっと悩みましたが、リックラックなどのテープを使って編んだサンプルがいくつかとめてあるのと、そのサンプラー自体がセールスbookと聞かされ、人形の服や帽子まで編んでとめてあるのを見て、すっかりやられてしまいました。
このリックラックflowerは、パッチワークの本に載っていたと思います。リボンでつくる花といっしょに、花瓶に投げ入れたいろいろな花のなかに、ころんと、とめてありました。もともと線として使っていたリックラックテープだったので、その立体感に驚きました。
いくつも作品をつくりましたので、大好きな素材となりました。何度か講習会もさせていただき、皆さん花を布にとめて、小さなバラが見えてきたとき、わーっと声をあげます。きっと、ほんとうにかわいらしいものをつくりあげたときの、ちょっとした感動なんだと、勝手に解釈しています。

ミニバラのつくり方

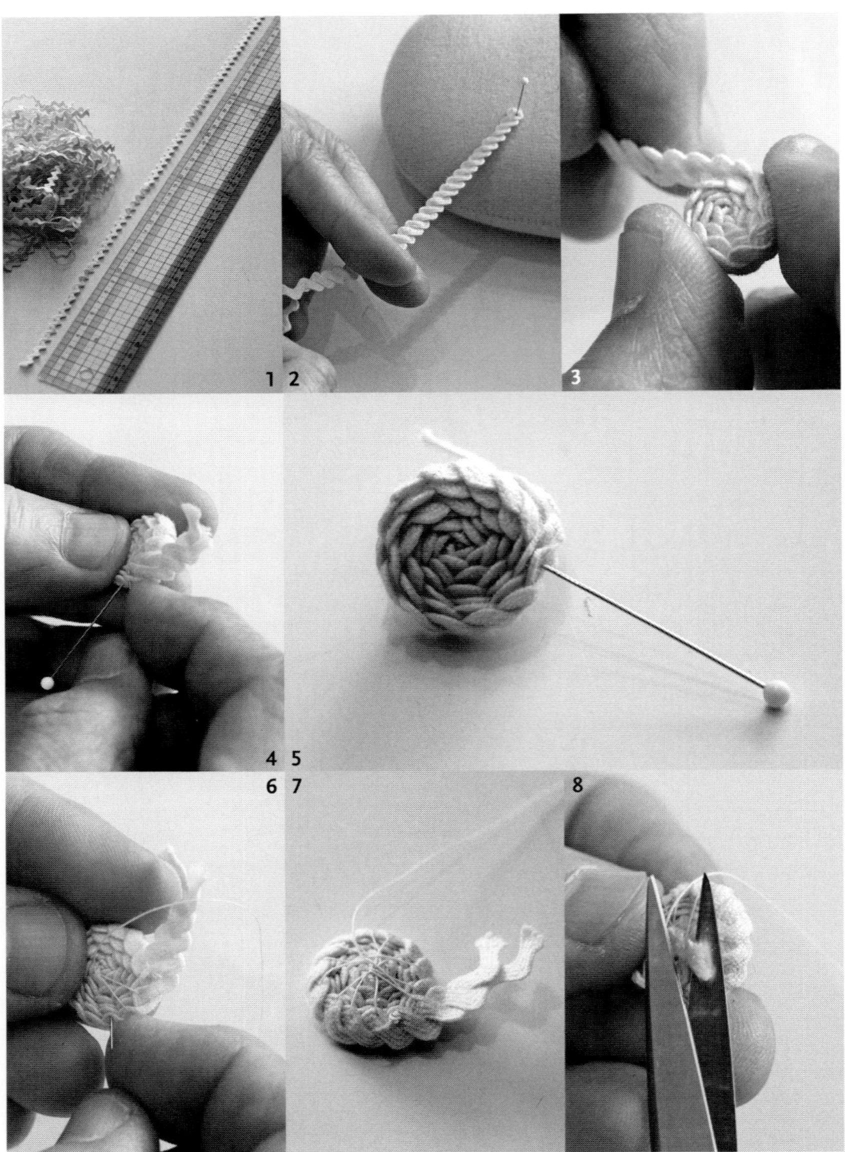

1 リックラックテープ(5mm幅)を40cmの長さにカット。**2** 二つ折りにし、2本を上下交互に交差させ、テープの山と谷をしっかりからめて1本にする。**3**、**4** 折り輪の部分からきつめに巻きあげる(ずれないように注意)。**5**、**6**、**7** ピンで固定し、裏側でテープを縫いとめる(外側のテープの山から針を入れ、中心から針を出すことをくり返せばよい)。**8** 最後にテープの端を縫いつけ、余分はカット。

9、**10** 土台の布に、ピンでとめる。**11**、**12** 糸が表に出ないように隠し針でまつりつける。

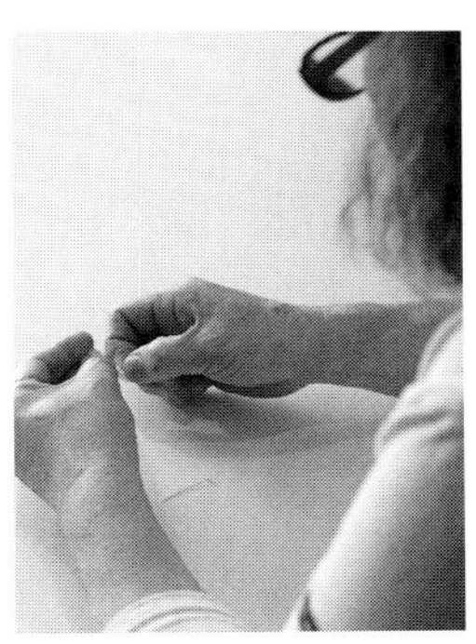

051 旅のおみやげ

アメリカはワシントンから車で2時間、ランカスターという町にアーミッシュの人たちが暮らす村があります。80年代の『an・an』でアーミッシュの特集を見て、私も旅の途中で友人に連れていってもらいました。
古くは宗教の教えに従い、ガス、電気もない村での女性たちの服装は、昔ながらの白いエプロンとボンネット。女の人の服の色までも決められているくらい禁欲的だといわれるアーミッシュ。でも、時代もあると思いますが、私の見た暮らしぶりは思いのほかのびやかで、観光用に展示されている家のなかは、カラフルなキルトや多色の絨毯のような刺繍が飾られ、その一軒、持って帰りたくなるほどのかわいらしさでした。
いただいた『Amishu Art』という本に載っていた毛糸の刺繍からヒントを得て、刺してみたのが写真の刺繍です。
型を固定し、星形ひとつの根もとから先に向かって、3往復くらいずつウール糸をわたして刺し込み、ぜんぶの星が刺し終わったら、最後にひとつずつ中央にはさみを入れると、刺し込んだ糸が立ちあがります。糸がグラデーションになるのは、下から順に色を重ねているからです。
最後に起毛ブラシを軽くかけ、アイロンで蒸気をあてると、絨毯のようにふかふかになります。
私はポリ芯をカットして型として使っていますが、古くはブリキ缶をカットして型としていたようです。

タペストリーウール3色を濃い順に重ね刺ししています。

051 旅のおみやげ

毛糸刺繍のできあがりは、こんな感じにふかふかです。

052 手軽にできるスモッキング

高校生のときに思い立ってギンガムチェックの布にスモッキング刺繍をしてみたら、思いのほか簡単にできて、うれしかった記憶があります。「スモッキングは簡単だな」と思い込み、子供のころだれでも着ていた、胸の部分をスモッキングとフランス刺繍でびっしり刺したワンピースをつくってみたくなり、挑戦してみましたがぜんぜんうまくできず、ほうり出してしまいました。
スモッキングは、昔のイギリスの男たちの仕事着が発祥だと手芸本で読み、驚きました。女性たちの楽しむ刺繍だとばかり思っていました。スモッキング部分が厚くなるので、防寒の役割もしてたようですが、写真では厚い重そうな麻布にスモッキングと刺繍も加わり、実用ばかりではなく、かなりおしゃれも意識していたと私は思いました。
いぜん、資料にと手渡された手芸の教科書には、イタリアン・スモッキング、ラティス・スモッキングなどが紹介され、はじめて刺し方の行程を見るスモッキングがたくさん出ていました。ひたすら決められた点を運針して、最後に一気に糸をひくと、複雑な凸凹のある立体スモッキングができあがり、スモッキングの奥深い世界を知る体験になりました。
バッグをスモッキングでつくるとき、ギンガムチェックやドッド柄を利用すると、もっとも手軽にスモッキングができます。格子や水玉を使うと、布に印をつけずに刺し進むことができます。針を入れて適当な力加減で糸を引き締めると、水玉の柄が4枚の花弁を持つ花になったり、平坦な布がスモッキングをすることで立体になるのが面白いと思います。
縮んだ部分とぱっと広がった布の魅力を生かすのは、グラニーバッグかと思います。
ギンガムチェックを求めるとき、縦長のチェックが近ごろは多いようなので、縦横同じサイズのギンガムを選んでください。

052 手軽にできるスモッキング

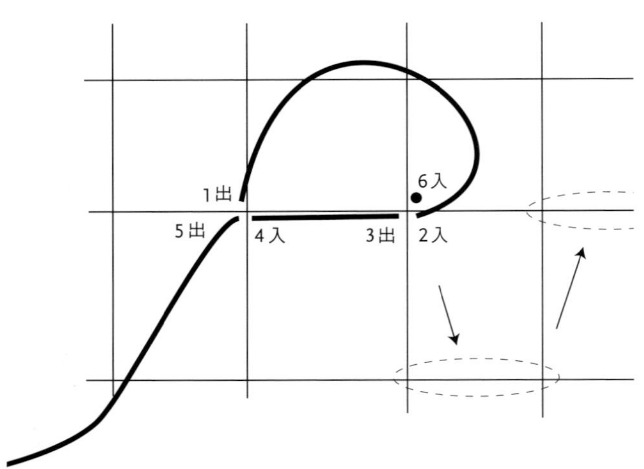

針を出し(1)、格子のラインをすくい(2-5)、5で針を出し、
ここで糸を引き締めひだをよせます。
2の際に針を入れ(6)、つぎのマスに移り、
同じ要領で、ひとマスずつ、上下交互にスモッキングしていきます。

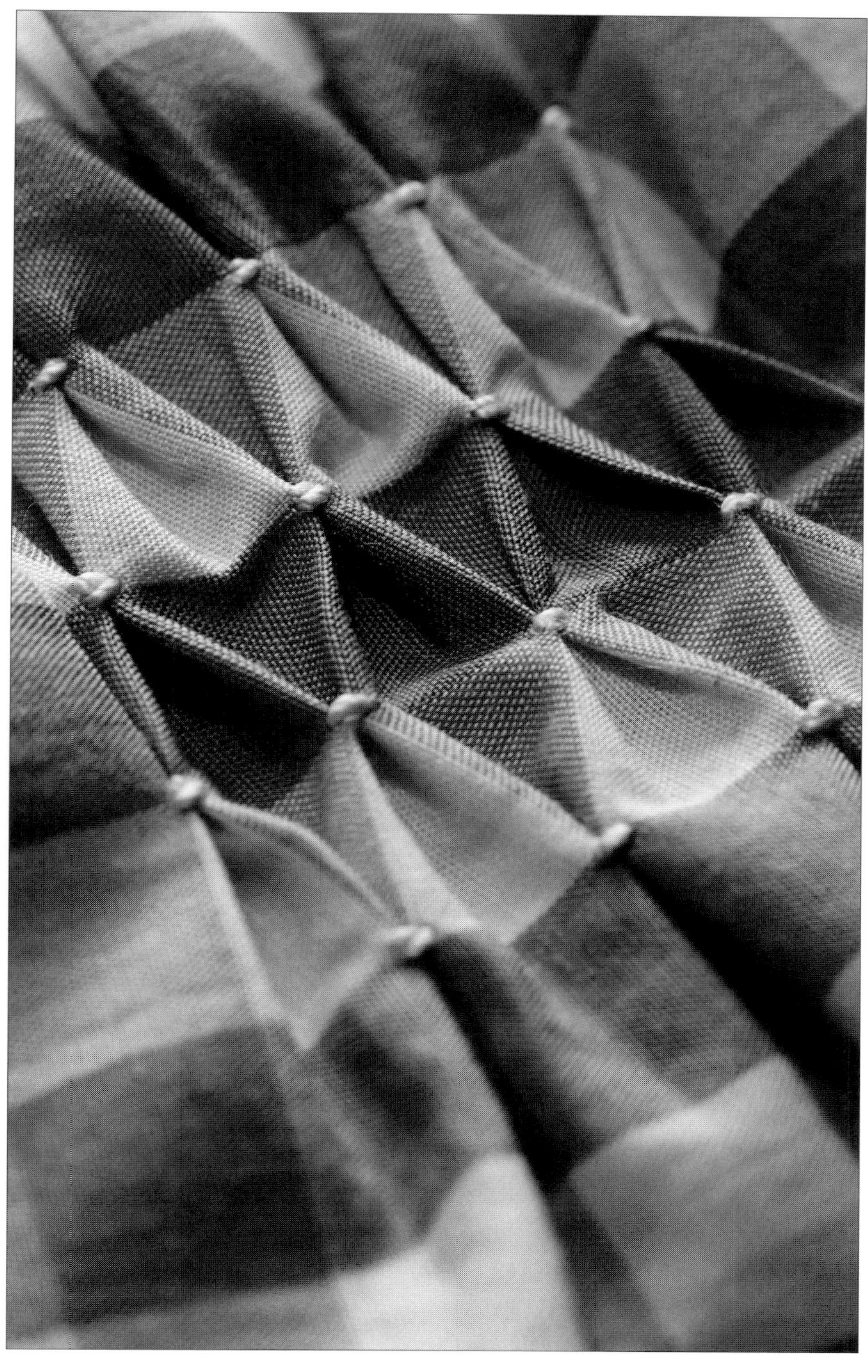

ギンガムチェックでスモッキング

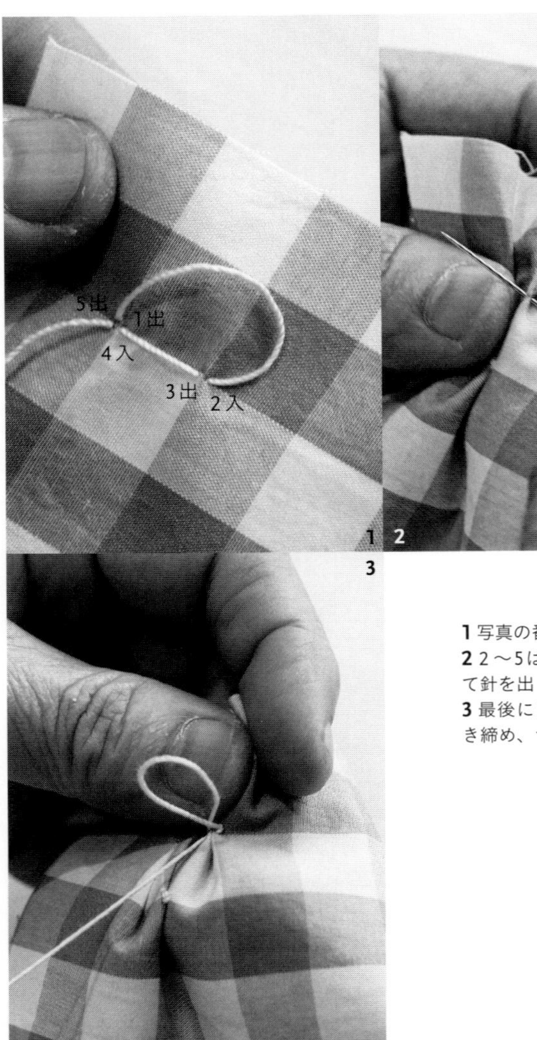

1 写真の番号順に針を出し入れする。
2 2～5は写真のように布をすくって針を出し入れする。
3 最後に2の際に針を入れて糸を引き締め、つぎのマスに移る。

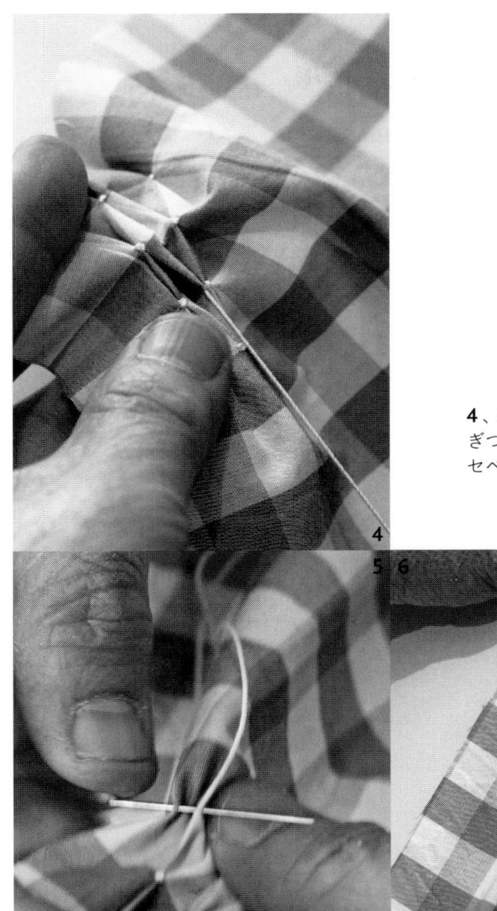

4、**5**、**6** 同じ針運びで上下交互につぎつぎにマスをかがっていく。DMCセベリア10番レース糸1本どり

053 黒のマジック

大好きな墨絵に、若冲の「大根涅槃図」があります。野菜たちが涅槃に入った大根を囲んでいるユーモラスな水墨画。野菜、果物、葉、茎が、墨の濃淡と線の強弱だけで描かれています。葉付きの柑橘、にがうり、かぼちゃ、口を開いた栗、どれも表面の濃淡の凸凹が墨の濃淡で表現され、生き生きと伝わってきます。そのなかの、隅によりかかる、にがうりが気になります。

生誕300年で展示され、これもすごい迫力の、"踊る尾長鶏"と勝手に名付けた、12羽の尾長鶏が動き出しそうでした。晩年作の「群鶏図」のことです。表情がよく、墨に六彩あるかと数えてしまいました。やはりいいものを見せていただき、ありがとうという気持ちで帰ってきました。

すばらしい墨絵に見とれて帰ってきた私は、すっかり若冲のことは忘れ、黒の色を、アップリケや刺繍の配色にどのように生かしているか考えてみました。

黒を刺繍するのはむずかしいと思います。面積が大きい部分を真っ黒で刺繍することはほとんどありません。

いちど黒の糸で、ブーケのような図案を刺したことがあります。まだ仕事をはじめたばかりのころで、図案の刺される線も整理がすっきりされてなく、何種類かの糸を使っていましたが、遠目に見たらぐちゃぐちゃで、何が刺してあるのか分からない作品ができあがりました。それからは、墨黒の濃淡の糸を使い、真っ黒は最後に、フレンチ・ノット・ステッチやストレート・ステッチを刺すときに使っています。

墨黒の素材でも、似た素材が近くにあると、両方が目立たず残念なことになるので、シルクで刺したら麻糸を合わせてみたり、ラフィアの黒も、葉の裏が白くなっているので、バッグに刺繍をするときにはよく使います。

メリハリをつけるようにするといいと思います。

053 黒のマジック

黒の刺繍図案とその刺し方

286％拡大使用

a チェーンst（黒）
b ケーブルst（黒）
c チェーン・フィリングst（黒）　細かい刺し目のチェーンst2本を矢印の向きに刺して並べる
d クローズド・ヘリンボーンst（オフホワイト）
e オープン・フィッシュボーンst（オフホワイト）
f フライst＋フレンチ・ノットst（ともにオフホワイト）
g ストレートst →ルトールマット（黒）＋ レジーデージーst → 綿ギマ糸（黒）
h ブランケットst（黒）
i、j ストレートst ＋フレンチ・ノットst →ともにミシン糸10番（**i** オフホワイト、**j** 黒）
k ストレートst（黒）
l リーフst（オフホワイト）
m ブランケットst ＋ アウトラインst→ともに麻の刺繍糸（黒）
n サテンst＋チェーンst（黒）
指定外はすべて綿ギマ糸

黒とオフホワイトのコットン布を用意、両面接着芯を貼り、**e**、**f**、**h-n**はアップリケの上から刺繍します。カットしたアップリケの布は、**i**、**j**を除き、まわりにジグザグミシンをかけてください。

054 いちばん好きな赤

50's の古い映画を深夜こっそり見ていた中学生のころ、美人女優はキャサリン・ヘップバーンやローレン・バコール、イングリッド・バーグマンをすてきだと思っていました。ヒッチコックの映画に何作か出演しているティッピ・ヘドレンの、真っ赤な口紅の色に、子供だった私は魅せられました。好みのタイプとはちょっと違っていましたけれど、アップにした髪、仕立てのよいコートや服、靴、バッグ、お化粧もすべてに、大人の女の人を見たと思いました。
私がいちばん好きな刺繍糸の赤は、DMCなら347番、304番、アンカーだと19番、102番、ダンスクの300番と飛騨刺し子糸の赤。みんな大人の女性にぴったりの赤です。
赤はピンク系よりも茶・オレンジ系の方が断然好きです。やっぱり自然の素材に合う赤だと思います。リネンの生地、生成りとは相性がいいと思います。
オレンジがかった濃い赤は、カーマインレッド。東欧の伝統的な刺繍をアレンジして刺すときはこの赤を使うことが多くなります。逆に緋毛氈のような目がチカチカする赤は、私には使いにくい赤です。
どの赤を使うか決めるときは、頭のなかで想像して考えるのではなく、必ず糸を布に置き、合わせて考えます。
素材とのバランスをみて、相性のよい色を選びましょう。

ウールのカーマインレッドで刺繍してます。
あいているスペースに何を刺していくか、これからのお楽しみです。
→page136

あとがきに代えて

いままでやってきた仕事の区切りの年になりました。
日本橋三越の展覧会をはじめ、自分の仕事が人からどのような評価がされていたのかが見えました。
今年の締めくくりとして、はじめて文章を長い時間をかけて書き、一冊にまとめていただき、自分の仕事を客観視できたことは、いままでの自分を分析でき、新鮮な気持ちでいます。
この本を読み、ものをつくる楽しさを少しでもひろっていただけたら、うれしく思います。
楽しくて、好きだから、仕事を続けてこられたこと、幸せに思います。

2016年 秋 アトリエにて 下田直子

◆材料提供

株式会社ダイドーインターナショナル パピー事業部
〒101-8619 東京都千代田区外神田3-1-16 ダイドーリミテッドビル3階
TEL 03-3257-7135
http://www.puppyarn.com/

株式会社アヴリル
本社　〒606-8185 京都府京都市左京区一乗寺高槻町20番地1
TEL 075-724-3550
http://www.avril-kyoto.com/

ディー・エム・シー株式会社
〒101-0035 東京都千代田区神田紺屋町13番地 山東ビル7F
TEL 03-5296-7831(代)
http://www.dmc.com/

モンドフィル株式会社
〒604-8481 京都府京都市中京区西ノ京冷泉町112
TEL 075-822-7111
http://www.mondo-fil.com/

近畿編針株式会社
〒630-0101 奈良県生駒市高山町4368番地
TEL 0743-78-1108
http://www.amibari.jp/
竹あみ針と手芸用品のお店　趣芸
TEL 0743-78-1119
http://www.rakuten.co.jp/ka-syugei

MOORIT(ムーリット)
〒100-7004 東京都千代田区丸の内2-7-2 KITTE 4F
TEL 03-6256-0843
http://moorit.jp/

材料の問い合わせ先
MOTIF
〒180-0004 東京都武蔵野市吉祥寺本町2-8-4 フォーラムビル3F
TEL/FAX 0422-23-0569　受付時間　月曜・木曜の13時〜19時
http://www.mo-motif.com/

◆著書一覧

『カントリー・ニッティング』　日本ヴォーグ社
『大好きな1日、大切な1日、やさしい1日』　文化出版局
『ニッティング・ファクトリー』　日本ヴォーグ社
『花といっしょに、1日。』　文化出版局
『小さなものにこだわって。』　文化出版局
『下田直子のベビーニットブック』　文化出版局
『ハンドメイドバッグ』　文化出版局
『モチーフ・バッグ』　雄鶏社
『下田直子の刺繍』　雄鶏社
『チャーミングバッグ』　文化出版局
『きものバッグがほしい』　文化出版局
『下田直子の刺繍図案』　文化出版局
『かぎ針編みっておもしろい』　文化出版局
『かぎ針編みっていいね』　文化出版局
『フェルトっておもしろい』　文化出版局
『編んでうれしいベビーニット』　文化出版局
『フェルトde小物』　主婦の友社
『下田直子のビーズ編み』　日本ヴォーグ社
『棒針編みだっておもしろい』　文化出版局
『下田直子のNEEDLE WORK』　雄鶏社
『ステッチっておもしろい』　文化出版局
『下田直子のかんたんニット』　日本ヴォーグ社
『下田直子のハンドメイド塾』　主婦の友社
『いろいろ通して、かぎ針編み』　文化出版局
『下田直子のアンダリヤワールド』　文化出版局
『下田直子のアンダリヤストーリー』　文化出版局
『切手×刺繍』　グラフィック社
『下田直子の刺しゅうの本』　NHK出版
『下田直子の小さな小さな贈り物』　高橋書店
『下田直子の手芸技法』　文化出版局
『下田直子ハンドクラフト展』　日本ヴォーグ社
『下田直子の編み物技法』　文化出版局
『下田直子 アトリエ』　日本ヴォーグ社

各出版社のご協力により、すでに発表された作品も一部、本書に掲載しています。
140ページの作品は、NHK出版「すてきにハンドメイド」2015年3月号が初出です。

下田直子 しもだ・なおこ
1953年東京に生まれる。文化服装学院ハンディクラフト科卒業。
ファッションメーカー「一つ目小僧」「フィッチェ・ウォーモ」に在籍後、
アメリカに渡り、アメリカン・フォークアートにふれる。
帰国後、手芸作家としてスタート、素材の持ち味を引き出した、
おしゃれで完成度の高い手芸作品を発表し続けている。
手芸スクール「オフィスMOTIF」主宰。
2014年、美術館「えき」KYOTOにて初の『下田直子 ハンドクラフト展』を開催。
続く2016年には日本橋三越本店、博多阪急でも同展を開催。

AD＋ブックデザイン　縄田智子　L'espace
写真　白井 亮
企画・編集　武内千衣子　la main
トレース　(株)ウエイド　原田鎮郎

制作協力　西須久子　土屋典子　三浦希代子　北浦ちかこ
作品協力　中島久恵　安部貴恵
校正　翼　鈴木良子
モデル　信太美奈

Special thanks to
飯島 満
day studio/大楽里美
岩切エミ　E.I
松本かおる　田口由香　二宮温恵　西尾直美　MOTIF

下田直子の手芸術　手芸がどんどん楽しくなる54のお話とつくり方のコツ

2016年12月25日　初版第1刷発行

著　者　下田直子
発行者　山野浩一
発行所　株式会社筑摩書房
東京都台東区蔵前2-5-3 〒111-8755
振替 00160-8-4123
印刷・製本　凸版印刷株式会社

ISBN978-4-480-87889-2 C0077

乱丁・落丁本はお手数ですが下記にご送付ください。
送料小社負担でお取り替えいたします。ご注文・お問い合わせも下記にお願いいたします。
筑摩書房サービスセンター
〒331-8507 さいたま市北区櫛引町2-604　電話 048-651-0053